中译翻译文库

英汉翻译学
基础理论与实践

王建国 著

中国出版集团
中译出版社

图书在版编目(CIP)数据

英汉翻译学：基础理论与实践 / 王建国著 . —北京：中译出版社，2020.9（2022.3重印）
  （中译翻译文库）
  ISBN 978-7-5001-6314-5

Ⅰ.①英… Ⅱ.①王… Ⅲ.①英语-翻译-研究 Ⅳ.①H315.9

中国版本图书馆CIP数据核字（2020）第134731号

出版发行 / 中译出版社
地　　址 / 北京市西城区新街口外大街28号普天德胜大厦主楼4层
电　　话 / (010) 68359827, 68359813（发行部）；68359725（编辑部）
邮　　编 / 100044
传　　真 / (010) 68357870
电子邮箱 / book@ctph.com.cn
网　　址 / http://www.ctph.com.cn

责任编辑 / 范祥镇　王诗同
封面设计 / 黄　浩

排　　版 / 北京竹页文化传媒有限公司
印　　刷 / 北京玺诚印务有限公司
经　　销 / 新华书店

规　　格 / 710毫米×1000毫米　1/16
印　　张 / 15.5
字　　数 / 221千字
版　　次 / 2020年9月第一版
印　　次 / 2022年3月第二次

ISBN 978-7-5001-6314-5　定价：48.00元

版权所有　侵权必究
中译出版社

中译翻译文库
编 委 会

顾　　问（以姓氏拼音为序）
John Michael Minford（英国著名汉学家、文学翻译家、《红楼梦》英译者）
黄友义（中国外文局）　　　　　　　尹承东（中共中央编译局）

主任编委（以姓氏拼音为序）
Andrew C. Dawrant（AIIC 会员，上海外国语大学）　柴明颎（上海外国语大学）
陈宏薇（华中师范大学）　　　　　戴惠萍（AIIC 会员，上海外国语大学）
方梦之（《上海翻译》）　　　　　　冯庆华（上海外国语大学）
辜正坤（北京大学）　　　　　　　郭建中（浙江大学）
黄忠廉（黑龙江大学）　　　　　　贾兵伟（中译出版社）
李亚舒（《中国科技翻译》）　　　　刘和平（北京语言大学）
刘士聪（南开大学）　　　　　　　吕和发（北京第二外国语学院）
罗选民（清华大学）　　　　　　　梅德明（上海外国语大学）
穆　雷（广东外语外贸大学）　　　谭载喜（香港浸会大学）
王恩冕（对外经济贸易大学）　　　王继辉（北京大学）
王立弟（北京外国语大学）　　　　吴　青（北京外国语大学）
谢天振（上海外国语大学）　　　　许　钧（南京大学）
杨　平（《中国翻译》）　　　　　　张高里（中译出版社）
仲伟合（广东外语外贸大学）

编委委员（以姓氏拼音为序）
Daniel Gile（AIIC 会员，巴黎高等翻译学校）　蔡新乐（南京大学）
陈　刚（浙江大学）　　　　　　　陈　菁（厦门大学）
陈德鸿（香港岭南大学）　　　　　陈　琳（同济大学）
傅勇林（西南交通大学）　　　　　傅敬民（上海大学）
高　伟（四川外国语大学）　　　　顾铁军（中国传媒大学）
郭著章（武汉大学）　　　　　　　何其莘（中国人民大学）
胡开宝（上海交通大学）　　　　　黄杨勋（福州大学）
贾文波（中南大学）　　　　　　　江　红（AIIC 会员，香港理工大学）
焦鹏帅（西南民族大学）　　　　　金圣华（香港中文大学）
柯　平（南京大学）　　　　　　　李均洋（首都师范大学）
李正栓（河北师范大学）　　　　　廖七一（四川外国语大学）
林超伦（英国 KL 传播有限公司）　　林大津（福建师范大学）
林克难（天津外国语大学）　　　　刘树森（北京大学）

吕　俊（南京师范大学）　　　　　　马会娟（北京外国语大学）
马士奎（中央民族大学）　　　　　　门顺德（大连外国语大学）
孟凡君（西南大学）　　　　　　　　牛云平（河北大学）
潘文国（华东师范大学）　　　　　　潘志高（解放军外国语大学）
彭　萍（北京外国语大学）　　　　　彭发胜（合肥工业大学）
秦潞山（AIIC会员，Chin Communications）　屈文生（华东政法大学）
任　文（四川大学）　　　　　　　　邵　炜（AIIC会员，北京外国语大学）
申　丹（北京大学）　　　　　　　　石　坚（四川大学）
石平萍（解放军外国语大学）　　　　宋亚菲（广西大学）
孙会军（上海外国语大学）　　　　　孙迎春（山东大学）
陶丽霞（四川外国语大学）　　　　　王　宏（苏州大学）
王建国（华东理工大学）　　　　　　王　宁（清华大学）
王克非（北京外国语大学）　　　　　王振华（河南大学）
文　军（北京航空航天大学）　　　　文　旭（西南大学）
温建平（上海对外经贸大学）　　　　肖维青（上海外国语大学）
闫素伟（国际关系学院）　　　　　　杨　柳（南京大学）
杨全红（四川外国语大学）　　　　　姚桂桂（江汉大学）
张春柏（华东师范大学）　　　　　　张德禄（山东大学、同济大学）
张美芳（澳门大学）　　　　　　　　张其帆（AIIC会员，香港理工大学）
张秀仿（河北工程大学）　　　　　　章　艳（上海外国语大学）
赵　刚（华东师范大学）　　　　　　郑海凌（北京师范大学）
朱纯深（香港城市大学）　　　　　　朱振武（上海师范大学）

特约编审（以姓氏拼音为序）
Andrew C. Dawrant（AIIC会员，上海外国语大学）　柴明颎（上海外国语大学）
戴惠萍（AIIC会员，上海外国语大学）　冯庆华（上海外国语大学）
高　伟（四川外国语大学）　　　　　胡安江（四川外国语大学）
黄国文（中山大学）　　　　　　　　黄忠廉（黑龙江大学）
李长栓（北京外国语大学）　　　　　李凌鸿（重庆法语联盟）
李亚舒（《中国科技翻译》）　　　　　刘军平（武汉大学）
罗新璋（中国社会科学院）　　　　　梅德明（上海外国语大学）
孟凡君（西南大学）　　　　　　　　苗　菊（南开大学）
屠国元（中南大学）　　　　　　　　王东风（中山大学）
王立弟（北京外国语大学）　　　　　王明树（四川外国语大学）
谢天振（上海外国语大学）　　　　　徐　珺（对外经济贸易大学）
杨　平（《中国翻译》）　　　　　　　杨全红（四川外国语大学）
杨士焯（厦门大学）　　　　　　　　杨晓荣（《外语研究》）
俞利军（对外经济贸易大学）　　　　张　健（上海外国语大学）
张　鹏（四川外国语大学）　　　　　赵学文（吉林大学）
祝朝伟（四川外国语大学）

目　录

前　言 　　　　　　　　　　　　　　　　　　　　001

第一章　概论　　　　　　　　　　　　　　　　　1
1.1　引言　　　　　　　　　　　　　　　　　　　1
1.2　翻译过程　　　　　　　　　　　　　　　　　2
　1.2.1　思维方式　　　　　　　　　　　　　　　3
　1.2.2　审美意识　　　　　　　　　　　　　　　5
　1.2.3　语用意识　　　　　　　　　　　　　　　6
　1.2.4　语法结构　　　　　　　　　　　　　　　8
　1.2.5　文化信息的处理　　　　　　　　　　　　9
1.3　案例综合分析　　　　　　　　　　　　　　　12
1.4　结语　　　　　　　　　　　　　　　　　　　14

第二章　英汉思维方式与翻译　　　　　　　　　16
2.1　个体意识与整体意识　　　　　　　　　　　　17
　2.1.1　界限标记与层次性结构的处理　　　　　　17
　2.1.2　周遍性重复的使用　　　　　　　　　　　22

  2.1.3 段落衔接 25
  2.1.4 汉语亲属称谓词的使用 26
 2.2 主体意识与客体意识 28
  2.2.1 客体意识转换为主体意识 28
  2.2.2 客体意识转换为主客交融 30
  2.2.3 修辞性地模糊原文意义的界限 32
  2.2.4 主观性衔接词 34
  2.2.5 拉近空间距离 35
  2.2.6 拉近时间距离 37
  2.2.7 拉近社会距离 38
  2.2.8 拉近情感距离 38
 2.3 汉英时间意识和空间意识 39
  2.3.1 界限性强的时间感转换为连续性强的时间感 39
  2.3.2 界限性强的空间感转换为界限性弱的空间感 40
 2.4 小结 42

第三章 英汉审美观差异与翻译 43
 3.1 英汉精练特征与英汉翻译 43
  3.1.1 少用虚词 44
  3.1.2 多用实词 44
  3.1.3 形象化表达 45
  3.1.4 显化"过程" 46
 3.2 英汉精确性特征与英汉翻译 48
 3.3 英汉模糊性特征与英汉翻译 52
 3.4 英汉语的冗余性特征与英汉翻译 53
 3.5 汉语的平面审美和英语的立体审美 54
  3.5.1 少用虚词 54
  3.5.2 使用四字格等平行结构 55
  3.5.3 使用话题链 55

3.6　散焦与聚焦　　　　　　　　　　　　　　　　　59
3.7　汉语平面的音乐美和英语立体的音乐美　　　　60
3.8　小结　　　　　　　　　　　　　　　　　　　71

第四章　英汉翻译的扩展策略　　　　　　　　　72
4.1　扩展的原因　　　　　　　　　　　　　　　　72
　　4.1.1　思维方式存在差异　　　　　　　　　　73
　　4.1.2　审美方式存在差异　　　　　　　　　　73
　　4.1.3　语言结构存在差异　　　　　　　　　　74
　　4.1.4　语用方式存在差异　　　　　　　　　　74
4.2　扩展策略　　　　　　　　　　　　　　　　　74
　　4.2.1　过程句直接取代结果句　　　　　　　　75
　　4.2.2　去抽象化　　　　　　　　　　　　　　76
　　4.2.3　去界限标记　　　　　　　　　　　　　76
　　4.2.4　显化导致结果的过程　　　　　　　　　78
4.3　显化方法　　　　　　　　　　　　　　　　　79
　　4.3.1　施动者　　　　　　　　　　　　　　　80
　　4.3.2　受动者　　　　　　　　　　　　　　　81
　　4.3.3　受动者状态　　　　　　　　　　　　　82
　　4.3.4　动作状态　　　　　　　　　　　　　　83
　　4.3.5　动作方式　　　　　　　　　　　　　　84
　　4.3.6　施动者动作　　　　　　　　　　　　　85
　　4.3.7　受动者动作　　　　　　　　　　　　　85
　　4.3.8　动作地点　　　　　　　　　　　　　　86
　　4.3.9　性质　　　　　　　　　　　　　　　　86
　　4.3.10　动作工具　　　　　　　　　　　　　 87
　　4.3.11　动作方位　　　　　　　　　　　　　 87
　　4.3.12　目的　　　　　　　　　　　　　　　 88
　　4.3.13　地点　　　　　　　　　　　　　　　 88

4.3.14　时间	89
4.3.15　品质	89
4.3.16　动作对象和次数	90
4.3.17　动作方式、物质的方位、性质和状态	90
4.4　扩展的约束机制与强度	91
4.4.1　审美方式的影响	92
4.4.2　思维方式的影响	93
4.4.3　语用方式的影响	94
4.4.4　历时因素	95
4.4.5　母语因素	97
4.5　扩展的方向	99
4.6　结语	104

第五章　英汉翻译扩展中的篇章建构　　106

5.1　话题研究	107
5.2　英汉翻译中的构句	114
5.2.1　话题的选择	114
5.2.2　述题的选择	120
5.2.3　话题结构的构建	122
5.2.4　利用汉语特色的话题结构	124
5.3　译文篇章衔接方式的选择	125
5.4　篇章主题与选词	126
5.5　话题链的使用与译文的忠实性	128
5.6　结语	130

第六章　英汉翻译扩展中的词汇处理　　132

6.1　英汉翻译词汇处理的一般原则	132
6.2　英语实词的翻译和汉语实词的使用	133
6.2.1　英语名词的翻译和汉语名词的使用	133

6.2.2　英语动词的翻译和汉语动词的使用　138
  6.2.3　英语形容词的翻译和汉语形容词的使用　139
 6.3　英语虚词的翻译和汉语虚词的使用　140
  6.3.1　英语连词的翻译和汉语连词的使用　140
  6.3.2　英语介词的翻译和汉语介词的使用　142
 6.4　结语　143

第七章　译文评价　144
 7.1　翻译原则—策略—方法—技巧　144
 7.2　译文评价方法　146
  7.2.1　思维方式转换评价　148
  7.2.2　审美方式转换评价　149
  7.2.3　译者价值观　151
  7.2.4　语用转换评价　153
  7.2.5　体裁再现评价　154
  7.2.6　主题再现评价　157
  7.2.7　意象再现评价　158
  7.2.8　文化信息的处理评价　159
  7.2.9　风格再现分析　160
 7.3　结语　163

附录
 I. 略论英汉翻译腔的积极作用　165
 II. 专业硕士学位翻译实践报告选编　172
 III. 学术硕士学位论文选编　184

参考文献　218
后记　231

前　言

　　传统上，无论是英汉翻译还是汉英翻译，都是一样的策略，一样的方法，一样的技巧，如归化、异化、直译、意译、增译、省略、词性转换，等等。这种现象不符合常识。不同的两种语言之间的互译，因为语言不同、文化不同及其承载的思维方式、审美方式等都存在差异，必然会出现自身特有的特征。

　　王建国（2019）指出，即使两种语言互译，其不同的翻译方向也必须独立研究，并倡导建立翻译类型学，并初步指出了汉英翻译策略和英汉翻译策略大体上是互逆的，本书将进一步证明这一点。

　　当然，汉英翻译和英汉翻译需要独立研究，还表现在两者在多个方面表现出不对称性。这种不对称性可以从多个角度来观察。

　　首先从汉英语言的审美方式存在差异的角度来看。比如，英语强调精确审美，而汉语强调模糊审美。但若电影 *Waterloo Bridge* 翻译成《魂断蓝桥》，可视为佳译，而若《魂断蓝桥》翻译成 *Waterloo Bridge*，就容易遭到讨伐，视为不忠不美之作。这样的现象，是一种典型的审美错位，表现出汉英翻译和英汉翻译的不对称性。

　　文化交流不平衡也会导致英汉翻译和汉英翻译的不对称性。设想如果一个译者把"你吃了吗"译成 how are you，大多数译评家定会认定这个译文译得好、译者了解目的语文化。但若是倒过来，把 how are you 译成"你吃了吗"多半会遭人耻笑。再如莎士比亚十四行诗中 Shall I compare thee to a summer's day? 的 summer 会被忠实地译为"夏天",尽管在汉民族的眼里只会拿春天来比作姑娘;雪莱的 Ode to the West Wind(西风颂)中的 west 会被译成"西",尽管在中国文化中有着"紫气东来""东风浩荡"表达我们对春风的渴望。汉英翻译时,《红楼梦》的译者霍克斯为了照顾他们的读者,把"怡红院"译成 Green Court,把"怡红公子"译成 Green Boy,把"粉面含春威不露,丹唇未启笑先闻"的"含春"译成"含夏";著名的翻译家贾尔斯(Giles)把杨巨源的《城东早春》中"诗家清景在新春"的"新春"译成 early May;等等。以上翻译现象反映了文化交流不平衡导致英汉翻译和汉英翻译表现出不对称性。

时代的发展影响英汉翻译和汉英翻译方法,也表现出两种翻译方向的不对称性。早期,由于我们对西方文化了解甚少,异质性太大也难以接受,因此早期出现过傅东华翻译的《飘》,其中大量的人名被汉化,当前类似的翻译现象已经十分罕见了。然而,不少西方的风俗习惯成了我们当前的时尚,大家见面时很少说"你吃了吗?"了,取而代之的是"你好";"再见"取代了"告辞"。我们的行为方式也发生了一些变化。应该说,传统上,汉民族的个体意识仍然不是很强,但这些现象已经说明,西方文化在不断地影响着我们。随着时代的发展,英汉翻译可能还会更加注重保留英语文化中的异质性。然而,汉英翻译长期以来多数是以迎合英语读者为导向,尽管汉语文化异质性也逐渐得以更多地保留。

当然,我们不能忽略导致汉英翻译和英汉翻译存在不对称性的根本原因还在于语言文化(即排除奈达[Nida, 1964]所说的物质文化、宗教文化、社会文化和生态文化)。我们认为,当两者在微观上即语言文化的多个层面上能找到成体系的差异时,宏观上两者存在的差异是显而易见的,例如汉英翻译和英汉翻译有各自的社会功能、各自的翻译史等等。因而,建立汉英翻译学和英汉翻译学自然有了理由。只有完善汉英翻译学和英汉翻译学的研究,才能更好地开发相关的应用领域。

我们已经撰写了《汉英翻译学:基础理论与实践》,撰写方式主要是根据汉英对比研究来分析重要的汉英翻译译者中所表现出的翻译原则,并用以指导翻译实践。在分析中,我们发现以英语为母语的译者常常表现出自己的特色,与以汉语为母语的译者的翻译方法表现出不同的特点。然而,英汉翻译，很少有以英语为母语的译者涉猎，绝大多数是以汉语为母语的译者来完成。因此，本书很难系统地对比分析以英语为母语的译者和以汉语为母语的译者的译文，并总结出相关的认识。当然，以英语为母语的译者极少从事英汉翻译，而汉英翻译既有汉语母语译者，也有英语母语译者，这种差异本身也反映了汉英翻译和英汉翻译的不对称性。

本书主要案例取材于小说翻译，不把文学翻译分为小说、诗歌、散文、戏剧等翻译类型。某种意义上，若分得更细，需要专门研究。

汉语是母语，不少汉英翻译中会遇到的问题，在英汉翻译中不存在，译者可以根据汉语母语的直觉处理好，甚至不必知道其所由然。然而，一些选词、造句和构篇，若没有一些规则指引，译者的表现会不够稳定，即使是非常优秀的译者也常常如此。为此，我们特别关注有原则性且对译者有指导作用的翻译实践分析。重点关注那些即使是优秀译者也会表现出不稳定的地方。优秀译者表现不稳定，这说明一些地方确实有必要按照汉英差异来指导翻译。翻译不是单语写作，我们认为汉英对比是非常重要且十分有效的翻译指导视角。

我们认为，语言之中处处是文化。但本书不专门讨论文化负载词的翻译。文化负载词的翻译，很难有规律可言。这跟意识形态、时代因素、篇章语境等密切相关。正如有些学者指出，文化翻译传统上存在许多归化现象，现在要异化为主，因为中国发展起来了，外国人对中国更了解了，他们有愿望更加了解中国的原汁原味的文化。同时，中国政府也有意加快推广中国文化。在翻译语境中，一些文化要素对全文的影响很大，就必须翻译，若微乎其微，也可以直接略过，省得读者费心。

最后需要提醒读者的是，本书涉及的一些理据分析，请参照本书的姊妹篇《汉英翻译学：基础理论与实践》。正如上文所言，汉英翻译和英汉翻译的策略大体是相反的，我们通过英汉翻译的分析，会更加证明汉英翻译研究中的观点，从而也做到英汉翻译和汉英翻译理论与实践研究的相互资证。

第一章 概论

1.1 引言

我国有许多优秀的英语文学翻译家,他们往往是凭着一般人所没有的语言和文化直觉做翻译,很少有人声称自己的翻译实践受到了某种翻译理论的影响。不少翻译家直接主张翻译理论无用论,排斥翻译理论,也否认翻译理论对他们有何影响。我们认为,这种现实需要得到尊重。然而,对一般人而言,尤其是学习翻译的学生而言,他们对两种语言的直觉远不如优秀的翻译家,因而需要翻译理论的指导。然而,当前的翻译理论为何常常遭到唾弃呢?

理论来自实践。我国常用于指导英汉翻译实践的理论,要么是源自传统文艺学理论,显得含糊,或者说得很宏观,让人难以捉摸。要么是西方的舶来品,根本不是来自我们的英汉翻译实践,同样显得宏观而抽象,操作性不强,或者说不够接地气。这样的中西翻译理论,总之,可操作性不强。也难怪不少翻译实践家对这样的理论不感兴趣。

但我们认为,优秀的翻译家,也需要植根于英汉翻译实践的理论的指导。根据我们的观察,即使很优秀的翻译家,也时常会出现理解不到位、表达不当的情况。尽管不多,但也反映了仅仅靠翻译的直觉来做翻译是不够的,翻译的直觉往往稳定性不够。因此,本书的一个重要目的就是要挖掘英汉翻译实践中优秀翻译家所表现出的翻译直觉,即他们根据直觉做出的译文往往遵循了什么原则。然后，根据这些原则挖掘英汉翻译的方法和技巧，指导翻译实践和教学。

在此，我们要指出，原则不同于规则，翻译中不太可能有多少规则，却可以存在原则。原则可以违反，但违反一定会产生效果。因而，翻译时，要观察违反原则时可能产生的效果。

翻译的原则主要存在于翻译的理解、转换和表达过程中，我们先看看翻译过程。

1.2 翻译过程

翻译的过程包括理解、转换与表达三个阶段。其中，理解是翻译的基础，转换是手段，表达是最终的结果（王建国，2019）。翻译中的理解非常重要，需要能根据英汉差异来识别原文中所承载的思维、审美和语用方式，以决定是否转换、如何转换，并根据上下文做出适当的表达。

转换也非常重要。当识别了原文中所承载的思维、审美和语用方式之后，是否转换以及如何转换直接影响到如何表达即译文的最后形式。由于英汉翻译中，译入语是汉语，作为母语译者，我们能下意识地去根据汉语母语者的思维、审美和语用方式去转换，但是若没有明确的差异知识，却容易受到原文及其负载的各种思维方式、审美方式和语用方式等的影响而表达不当。

表达是理解和转换之后呈现译语语言形式的过程和结果。译者需要了解汉语所承载的思维方式、审美方式、语用方式（包括各种语言结构的语用功能），方能做到使用恰当的语言形式来满足读者的需求。

当然，理解之后，未必能转换，甚至根本就无法转换。不能转换的原因有很多。无法转换也存在可能，例如不同语言自身承载的文化存在不可通约性等。由于存在不能转换或者无法转换的情况，翻译中就会存在相对转换，即对一些细微差异，不予理睬或忽略，选取某个角度，从这个角度来做出转换。

本书将特别强调英汉思维方式、审美方式和语用方式等方面的差异，强调利用这些差异知识来识别原文中承载的思维方式、审美方式和语用方式，强调利用这些差异知识来作为转换的依据，强调利用这些差异知识来运用承载汉语思维方式、审美方式和语用方式的汉语来表达[①]，同时也强调不同语言结构的功能需要适用于不同的功能要求环境。

王建国（2019）认为，语言和文化因素是翻译过程中考虑的因素，这两个因素又可以大致分为宏观、中观和微观三个方面：

宏观因素：思维方式、审美意识等

中观因素：语用原则

微观因素：词、句、章的用法以及文化信息点

下文，我们将示例这些因素在翻译过程中的作用。更为具体的介绍，我们将在后面的章节进行。

1.2.1 思维方式

相比汉语而言，英语偏理性，这使得很多读者无法理解英语当中的情感和审美意识。这与英语不是我们的母语有关。为此，多数人就很有必要了解汉英思维方式、审美方式等宏观方面的差异在语言形式上的体现。

下面一例反映英汉整体意识和个体意识之间的转换：

(1) He could not see the green of the shore now but only the tops of the blue hills that showed white as though they were snow-capped and the clouds that looked like high snow mountains above them. (Ernest Hemingway: *The Old man and The Sea*)

(a) 他眼下已看不见海岸的那一道绿色了，只看得见那些青山的仿佛积着白雪的山峰，以及山峰上空像是高耸的雪山般的云块。（吴劳译）

(b) 他现在看不见岸上的绿色了，只有那青山的顶，望过去是白

[①] 这里存在一个问题：是否可以不转换为汉民族思维方式、审美方式以及语用方式等？我们认为，不转换是不可能的，只是转换之后与英语民族的思维方式、审美方式和语用方式等还存在多少相似度而已。相似度的大小，影响其接受度，接受度的大小又与文本类型相关。

的，就像上面的积雪，还有那些云，看着像山背后另有崇高的雪山。（张爱玲译）

首先，译者需要理解原文显示了很强的英语界限性，一个长长的复合句，主次结构界限分明，反映了很强的整体意识和个体意识。例如，"看得见的"（see）是 the tops of the blue hills 和 the clouds，其修饰成分用 that 从句引导，表现出主次分明、界限清晰的特点。

这种强界限性在汉语中，尤其是文学作品中是难以再现的。若坚持某种程度上再现，很容易出现翻译腔。因而汉语的整体意识和个体意识不如英语的强（王建国，2019），句子中表现为各种结构之间的界限不够分明，主次不够清晰。

译文 a 按照原文的结构，翻译腔较重，一个小句中"的"字使用频繁①，表现出明晰的主次意识，导致阅读不够流畅；译文 b 则按照中文的行文习惯，拆分成小短句，虽然结构之间主次不够分明，但更加行云流水，符合汉语阅读习惯。

下面一例反映了英语中的客体意识和汉语中主客意识交融：

（2）Through the window, in the faint light of the rising moon, Tara stretched before her, negroes gone, acres desolate, barns ruined, like a body bleeding under her eyes, like her own body, slowly bleeding. (Margaret Mitchell: *Gone with the Wind*)

从窗口向外望，只见月亮正冉冉上升，淡淡的光华照着塔拉农庄在她面前伸展，但是黑人走了，田地荒芜，仓库焚毁，像个血淋淋的躯体躺在她的眼前，又像她自己的身子在缓缓地流血。（戴侃、李野光译）

汉民族主客意识不分，有较强的主体意识；而英民族主客两分，有较强的客体意识。因此在英译汉时，有时会添加人的主体视角，从而获得更

---

① 王建国（2019）指出，虚词具有界限标记的功能。

为流畅的译文。如原文中 in the faint light of the rising moon，是一种客观的描写，但在翻译的时候，加入了"只见"这个词，体现了人的主体意识，通过人的视角把原本从客观视角描写的客观事物联系了起来，反映出汉语母语者主客交融的思维方式。

1.2.2 审美意识

英语非我们的母语，汉英翻译中，不少人由于缺乏两种语言审美方式的差异知识，会把汉语审美方式带进英语，导致对译文表述或如何表述进行误判。英译汉时，同样，若译者没有两种语言审美方式的差异知识，译文的接受性会变弱。例如：

（3）The refreshing meal, the brilliant fire, the presence and kindness of her beloved instructress, or, perhaps, more than all these, something in her own unique mind, had roused her powers within her. (Charlotte Brontë: *Jane Eyre*)

（a）因为茶点振奋了精神，炉火在熊熊燃烧，因为亲爱的导师在场并待她很好，也许不止这一切，而是她独一无二的头脑中的某种东西，激发了她内在的种种力量。（黄源深译）

（b）饭菜飘香，炉火熊熊，<u>看到身边心爱的老师，感受到她的温暖</u>，或许还冒出点奇思妙想，她内心的力量一下子就强大了起来。

原文中使用大量的名词结构，名词的界限性强，即如同概念一样具有很强的排他性和精确性。黄译中不少名词被处理为非概念性的动词结构，如 presence 为"在场"，kindness 为"待她很好"，放松了原文所表现出的强界限意识。但是，虚词的使用仍然是界限性很强的一种体现，黄译自我添加了如"因为""而是"等具有界限标记功能的虚词，让汉译读起来还是不够流畅。

译文 b 则添加了"看到""感受"等有强烈主体意识的感官词，构建了以"她"为话题的话题链，使得译文更加平面化，更加符合汉语的平面审美,因而,译文更加流畅。

再如:

(4) She was slender and apparently scarcely past girlhood: an admirable form, and the most exquisite little face that I have ever had the pleasure of beholding, small features, very fair, flaxen ringlets, or rather golden, hanging loose on her delicate neck; (Emily Brontë: *Wuthering Heights*)

(a) 她苗条,显然还没有过青春期。挺好看的体态,还有一张我生平从未有幸见过的绝妙的小脸蛋。五官纤丽,非常漂亮。淡黄色的卷发,或者不如说是金黄色的,松松地垂在她那细嫩的颈上。(杨苡译)

(b) 她长得纤细,显然不久前还是个未出嫁的姑娘:令人倾慕的身材,一张小脸清秀俊俏,非常白皙,淡黄色的,不,金黄色的微微卷曲的头发,披在纤细的脖子上,十分好看。(方平译)

(c) 她长得纤细,体态婀娜,小脸清秀俊俏,头发微微卷曲,淡黄色的,或者不如说是金黄色的,披在纤细的脖子上,显然还是个少女。

原文中使用":",体现了演绎式的表述。杨译和方译都没有转换,一定程度上违背了汉语行云流水的平面审美要求。同时,杨译和方译中,"青春期"过于概念化,"的"字结构使用较多,如"挺好看的体态""令人倾慕的身材"等,具有较强的层次性。译文 c 使用了汉语特色的双主语结构,减少了"的"字结构的使用,增强了汉语审美的平面感。

1.2.3 语用意识

任何翻译行为都是语用行为(Levy, 1967)。译者必须能理解、识别原文中反映英民族语用方式的表述,然后进行语言转换,并保证译语语言形式可以体现意向的语用功能,获得意向的语用效果。

(5) She resolved in any case not to spend her last two mornings with

the other ones. ... <u>The matter was solved for her.</u> The McKiscos were not yet there and... (F. Scott Fitzgerald: *Tender is the Night*)

她决定无论如何都不跟另外那伙人一起度过最后两天的上午。……<u>她用不着为这件事操心</u>，麦基斯克夫妇还没有来到海滩。（主万、叶尊译）

语用上，英汉有很大的不同，英语为结果取向的语言，汉语为过程取向的语言（王建国、何自然，2014），因而在英译汉的过程中，经常需要进行语用方式的转换。如例5中，原文 The matter was solved for her 这句话，以客观事物 matter 作主语，从客观的角度说明了罗斯玛丽所担心的事不会发生了这个结果，即麦基斯克夫妇没有来海滩，她便不用和他们度过上午了。但是译文中，对这件事的描述进行了退一步的说明（n–1），从客观的结果描述退回到了主体视角下的过程描述："她用不着为这件事操心"，从主体罗斯玛丽的角度，对罗斯玛丽操心这件事的过程进行了描述。

再如：

（6）Then she became aware of the spectacle she presented to <u>their surprised vision</u>: <u>roses at her breast</u>; <u>roses in her hat</u>; <u>roses and strawberries in her basket to the brim</u>. (Thomas Hardy: *Tess of the D'Urbervilles*)

（a）她那时才感觉到，她在<u>他们觉得惊异的眼睛里</u>，是怎么个模样：<u>胸前插着玫瑰花</u>，<u>帽子上也插着玫瑰花</u>，<u>篮子里也装得满满的玫瑰花和草莓</u>。（张谷若译）

（b）这时她才意识到，她那副模样让众人觉得惊奇：她<u>胸前插着玫瑰</u>，<u>帽子上缀着玫瑰</u>，<u>篮子里装满了玫瑰和草莓</u>。（孙致礼、唐慧心译）

（c）<u>苔丝</u>在别人吃惊的眼光之中才意识到自己是个什么样子：<u>胸脯上堆着玫瑰</u>；<u>帽子上缀着玫瑰</u>；<u>篮子里玫瑰和草莓堆得冒了尖</u>。（晓燕译）

原文中的 roses at her breast; roses in her hat; roses and strawberries in her basket to the brim 构成了三个名词+介词词组的并列结构。若介词 at, in, in 对译为"在……里",表现出结果状态感,不符合汉语显化过程的表述习惯。三个译本在此处翻译时分别增添"插着""也插着""装满""堆着"等表过程性的动词,把隐含导致结果状态的动作进行了显化,形象地描绘出苔丝让"他们感到惊讶"的样子。

1.2.4 语法结构

语法结构承载思维方式、审美方式和语用功能,各种语法结构都有特定的功能。

汉语具有连续性,英语具有离散性(吕叔湘,1979:11),英语具有主次分明的界限性。汉语中存在大量的流水句,流水句的功能在很大程度上表现出汉语语法结构之间并没有很清晰的界限,尤其是主次界限不够清晰,而英语中各种层次分明的结构,则反映了英语的离散性。英汉翻译时,离散性的结构要转换成连续性强的汉语结构。

(7) He was an old man <u>who fished alone in a Skiff in the Gulf stream</u> and he had gone eighty-four days now <u>without taking a fish</u>. (Ernest Hemingway: *The Old Man and the Sea*)

(a) 他是个<u>独自在湾流的一只小船上打鱼</u>的老头儿,他到那儿接连去了八十四天,<u>一条鱼也没捉到</u>。(海观译)

(b) 他是个老头子,<u>独个儿驾一艘小艇在墨西哥湾流里打鱼</u>,如今已八十四天<u>没打到一条鱼</u>了。(宋碧云译)

译文 a 使用"的"字结构,一定程度上保留了原文 who 引导的从句所带来的界限感和层次感,b 译则把 who 从句译成了与 he was an old man 译文并行的结构,获得了连续感和平面感;without taking a fish 在原文中也是一个从属结构,两个译者都抹去了其从属身份,加强了汉语表达的连续性。

再如:

（8）In other years, spring tiptoes <u>in</u>. It pauses, <u>overcome by shyness</u>, like my grandchild at the door, <u>peeping in</u>, <u>ducking out of sight</u>, giggling <u>in the hallway</u>. "I know you're out there," I cry, "Come in!" <u>and</u> April slips into our arms. (James J. Kilpatrick: *Spring, the Resurrection Time*)[①]

（a）四月有时蹑手蹑脚，像我的小孙女一样，羞羞答答地倚在门外，<u>避开视线</u>，偷偷向里窥探，而后又咯咯地笑着走进门庭。"我知道你在那藏着呢，"我喊道，"进来！"于是，春天便溜进了我的怀抱。（宋德利译）

（b）四月有时又蹑手蹑脚，像我的小孙女一样，羞羞答答地倚在门外，向里探探头，<u>一闪又不见了</u>，只是在门厅里咯咯地笑。"我知道你在那藏着呢，"我喊道，"进来！"春天这才悄然跑进了我的怀抱。（李运兴译）

（c）四月有时又蹑手蹑脚，像我的小孙女一样，羞羞答答，站在门外，一会儿向里探探头，一会儿又跑开了，门厅里不断扬起她咯咯的笑声。"我知道你在那藏着呢，快进来！"我喊了一声，春天便溜进了我的怀抱。

原文中有大量的从属结构，与主句之间形成了主次分明的层次，表现出很强的离散性，三个译文都做了平面处理，加强了译文表达的连续性。译文 c 更加注重译文表达的连续性，例如，把 I cry 阻断的两个直接表述合在一起，反映了说话者说话的连续性。

1.2.5　文化信息的处理

广义来讲，语言也是文化，相比奈达（Nida, 1964）提出的其他四个文化类型即宗教文化、社会文化、生态文化以及物质文化而言，语言对人的行为方式的影响更为根本，对人的思维方式、审美方式等具有更广泛、更深入的影响。

[①] https://www.douban.com/group/topic/42856387/

传统上，翻译学从广义的角度探讨过文化与翻译，也从狭义的角度探讨过文化信息的处理。宏观上，本书不系统探讨文化与文明进步之间的关系等宏大话题，因为本书主要讨论微观上的翻译实践；当然，微观上，我们也只会涉及一些零散的文化现象（主要指非语言文化的四种文化现象）的处理，原因在于微观上文化信息的处理似乎不存在具有很强操作性的原则，只要译者多查资料，抱着严谨的态度去翻译往往不会有太大问题。本书主要从语言文化的角度（虽然后文不太特意提及这个字眼）系统地探讨英汉翻译之间的转换，有宏观，也有微观。

事实上，翻译是很难做到文化转换的，文化是一个民族独有的历史、地理和民俗等沉淀下来的精神财富，一种文化之所以是一种文化，往往就是在另外一种文化中很难找到对应的东西。因而，两种文化互译存在难以跨越的障碍。这种难以跨越的障碍，往往是在语言影响的思维方式以及思维方式影响的行为方式，而不是文化概念和信息的翻译。文化概念和信息往往可以通过注释（文内注释或文外注释）来转达。例如：

（9）She pounded her clenched fist against the tall white pillar beside her, and she wished that she were Samson, so that she could pull down all of Twelve Oaks and destroy every person in it. (Margaret Mitchell: *Gone with the Wind*)

（a）她握紧拳头，捶着身旁高高的白柱。她真希望自己是<u>参孙</u>，能把"十二棵橡树"村推倒，压死其中所有的人。（转引自王建国2002）

（b）她握紧拳头，捶着身旁高高的白柱。她真希望自己力大无穷，能把"十二棵橡树"村推倒，压死树中所有的人。

原文中 Samson 可以如译文 a 那样音译为"参孙"，并加注：他是《圣经·旧约全书》中的人物，力大无穷，为以色列士师之一。非利士人对他又恨又怕，后来他爱上了大利拉，大利拉出卖他，他终于被非利士人抓住，剜去眼睛，把他带到神庙，他抱着两根大柱，使劲摇撼，柱断庙塌，压死了里面所有的非利士人，还有他自己。

译者也可以像译文 b 那样只解释 Samson 的力大无穷的特点，做到前后逻辑通顺即可。再如：

（10）— You, Armstrong, Stephen said. What was the end of Pyrrhus?
　　　 — End of Pyrrhus, sir?
　　　 …
　　　 — Wait. You, Armstrong. Do you know anything about Pyrrhus?
　　　 …
　　　 — Pyrrhus, sir? Pyrrhus, a pier. (James Joyce: *Ulysses*)

(a)　"…皮洛士到头来怎么样？"
　　　"皮洛士到头吗，老师？"
　　　……
　　　"…你知道皮洛士是怎么一回事吗？"
　　　……
　　　"皮洛士吗，老师？皮洛士就是栈桥。"（金隄译）

(b)　"皮勒斯的结局怎么样？"
　　　"皮勒斯的结局呢，老师？"
　　　……
　　　"…关于皮勒斯，你知道点什么吗？"
　　　……
　　　"皮勒斯吗，老师？皮勒斯就是栈桥。"（萧乾、文洁若译）

这里要明白为何学生 Armstrong 会说出 Pyrrhus, a pier，不仅仅要明白他上课走神没有认真听讲，还要了解会话的语境设在都柏林，那里有很多 pier。正是因为 piers 的发音与 Pyrrhus 相同，才导致这个没有听课的学生误认为老师说的是当地的 piers。没有这些文化语境知识的了解，读者应该很难明白这个对话产生的根源。

两个译文由于翻译成汉语之后，已经没有了 piers 和 Pyrrhus 同音带来的效果，都几乎不存在有读者需要了解这个文化信息的必要。金隄的译文中有"到头"，与栈桥存在桥头还稍微有些联系，萧乾夫妇的译文几乎看不到 piers 和 Pyrrhus 的一点联系。但即使是金隄的译文，也完全消除了原文的文化语境。

对于以上两个译文这种文化信息的缺失，同样有办法做到不丢失。例如，把 Pyrrhus 译为"皮洛士"或"皮勒斯"，但在其后注明其英文的发音与 piers（栈桥）一样。

因而，文化信息的处理，与译者态度十分相关，也与译者对翻译语境的考量十分相关，很难说存在什么较为稳定的翻译原则。

1.3 案例综合分析

在开始进行实质性的翻译实践之前，学生最好先学会如何欣赏他人的译作，对译作的质量能做出较为准确的认识。这种认识应该包括宏观、中观、微观等三个方面。宏观上，观察译者是否转换了思维方式、审美意识；中观上，观察语用方式是否得到转换；微观上则观察篇章构建、组句和选词是否得体、恰当，是否转达了原文的意义和功能。

例如：

(11) THERE was no possibility of taking a walk that day. We had been wandering, indeed, in the leafless shrubbery an hour in the morning; but since dinner (Mrs. Reed, when there was no company, dined early) the cold winter wind had brought with it clouds so sombre, and a rain so penetrating, that further outdoor exercise was now out of the question.

[I was glad of it: I never liked long walks, especially on chilly afternoons: dreadful to me was the coming home in the raw twilight, with nipped fingers and toes, and a heart saddened by the chidings of Bessie, the nurse, and humbled by the consciousness of my physical inferiority to Eliza, John, and Georgiana Reed.] (Charlotte Brontë: *Jane Eyre*)

(a)（不能出去散步）我倒是很高兴，我素来不爱<u>远距离的散步</u>，特别是在寒冷的下午。<u>对我来说</u>，在阴冷的黄昏回家实在可怕，手指和脚趾都冻僵了,还得听保姆白茜的责骂,弄得心里很不痛快,而且自己觉得体质不如伊丽莎、约翰和乔奇安娜·里德,又感到低人一等。(祝庆英译)

(b) 我倒是求之不得。我向来不喜欢远距离散步,尤其在冷飕飕的下午。试想,阴冷的薄暮时分回得家来,手脚都冻僵了,还要受到保姆贝茜的数落,又自觉体格不如伊丽莎、约翰和乔治亚娜,心里既难过又惭愧,那情形委实可怕。(黄源深译)

(c) 这倒正合我心意,本来我一向就不喜欢远出散步,尤其是在午后的冷天气里,因为我最怕直到阴冷的傍晚才回到家里,手脚冻僵,还被保姆蓓茜数落得挺不痛快,又因为自觉身体不如里德家的伊丽莎、约翰和乔治娜强壮而感到丢脸。(吴钧燮译)

(d) 我倒是很高兴这样。我向来就不喜欢远距离散步,尤其是在寒冷的下午。因为对我来说,最可怕的莫过于在阴冷的傍晚回家,这时手脚冻僵,还被保姆贝希数落得很不愉快,又因为自觉身体不如瑞德家的伊丽莎、约翰以及乔治娜壮实而感到自卑。(曾凡海、吴江皓译)

以 [……] 部分为例。宏观上,原文表现出主次分明的个体意识以及在主次分明基础上形成的整体意识,而汉语译文中的个体结构之间没有鲜明的主次之分,各结构之间的连续性和平面性较强,在此基础上所形成的整体同样表现出连续性和平面性。原文的层次感强,如原文中使用标点":"、介宾结构;":"在原文中使用了两次,需要理解其具有演绎的功能,即其后部分是对其前部分的演绎。汉语多以归纳方式表述,英语多以演绎方式表述。

原文演绎式的叙述,是英语的惯常做法,汉语中对应的惯常做法是归纳式的叙述。原文先说了结果,然后阐明为何不喜欢出去散步的原因。有了这种理解,译者就需要决定是否转换,能否转换。

原文还体现了英语的多种特点。例如,概念化程度高,比如原文中有大量的抽象化词汇 long walks, childings, inferiority;反映了英语的抽象思维方式。

标记性强,界限性强,如原文中有许多时态标记、名词单复数标记、不定/定冠词等。英语的段落跳跃性大，很多时候，段落的划分，就意味着界限的产生，有较大的意义断裂，而不使用连接词。这同样反映了英语的界限性很强。以首句 I was glad of it 为例，其中的 it 指代上一段中的 no possibility of taking a walk that day，给人感觉跳跃性很大。

就上文提到的几个点，几个译者大致都是按照自己的母语直觉来表达，尤其是对那些与汉语表达明显有些抵牾的地方，例如都用"倒（是）"显化了原文中存在的转折关系。而对于第一个"：所转达的演绎关系，几个译者都没有通过关联词来显化。对于第二个"："，c、d 两个译文则用"因为"做了显化。

中观上，语用上，英语重结果，汉语重过程（王建国、何自然，2014）。long walks, the coming home in the raw twilight, nipped fingers and toes, a heart saddened by the chidings of Bessie, the nurse, and humbled by the consciousness of my physical inferiority to Eliza, John, and Georgiana Reed，这些内容都表示的一种结果性状态，而汉语译文往往都会显化达致这种结果状态的过程，或者表述中明显存在过程感。

微观上，汉语的连续性可以通过使用话题链来增强。译者使用了话题链，译文 c 全文只有一个句号，更加体现了汉语的连续性特征。

由于译文评价牵涉面较广，本章只是引言，后文将提供多个视角，结合翻译策略对各种案例做出更多、更精确的分析，此处从略。

1.4 结语

从这里的分析看，要做好翻译实践，我们必须了解英汉两种语言和文化的差异。了解之后，译者往往有两种选择：尽量消除差异或者尽量保存差异。

任何翻译实践都必须建立在扎实的两种语言文化对比研究基础上。英汉翻译，对于汉语母语者来说，很多时候可以凭借汉语母语的直觉来组织语言表达。然而，这种直觉依赖往往不是很稳定和可靠的。本书的研究旨在帮助译者增加直觉的稳定性，给译者提供更多的视角，为其翻译实践提供更多的选择，也为其实践提供了理论保障。

本书对英汉翻译的讨论，从宏观到中观再到微观，尽量根据翻译实践的实际过程，依据英汉对比研究的知识，讨论如何做好英汉翻译实践。本书主要分为以下几章：

第一章　概述
第二章　英汉思维方式与翻译
第三章　英汉审美观差异与翻译
第四章　英汉翻译的扩展策略
第五章　英汉翻译扩展中的篇章建构
第六章　英汉翻译扩展中的词汇处理
第七章　译文评价
附录

第二章　英汉思维方式与翻译

傅雷（1984）指出，"两国文字词类的不同，句法构造的不同，文法与习惯的不同，修辞格律的不同，俗语的不同，即反映民族思想方式的不同，感觉深浅的不同，观点角度的不同，表现方法的不同，以甲国文字传达乙国文字所包含的那些特点，必须像伯乐相马，要'得其精而忘其粗，在其内而忘其外'。"译文是让汉民族看的，故必须是"纯粹之中文"。傅雷的观点可以理解为：翻译需要思维方式转换，语言形式反映思维方式的差异，翻译需要思维方式的转换，从而做到"重神似不重形似"。

然而，若需要转换思维方式，就意味着译者必须了解两种思维方式如何在语言上反映出来。传统上，英汉思维方式的差异已经有了很多研究，但其在语言形式上的表现缺乏系统性的认识。王建国（2019:12—48）在《汉英翻译学：基础理论与实践》一书中已经提到了思维方式差异在语言形式上的表现。本书将根据英汉翻译的特点，讨论英汉翻译中如何做到思维方式的转换，从而逼近神似原文。

王建国（2019）认为，传统上提到的各种思维方式差异具有一致性。本章将依据王建国（2019）的框架，只讨论典型的三组思维方式差异的转换：整体意识与个体意识、主客交融与主客不分意识以及时间意识和空间意识。

2.1 个体意识与整体意识

刘宓庆（2006：491—492）认为，汉语语段结构会表现出整体思维方式，"其特点是流泻式流放铺排，形成一种平行结构，并无主从之分，只有先后之别；句子、词组不辨，主语、谓语难分。如果不细细思量，实在是很难从结构上析出层次"。然而，"英语句子定界清晰，主语谓语一目了然；句子与词级各显其式，主句与从句各司其职"。

据此，刘宓庆明确指出了汉语的整体性是模糊的、平面的，个体性也是模糊的，个体与个体之间的界限不明显；而英语的整体性是多层的，即错落有致而呈立体的，个体也是清晰的，个体与个体之间的界限较为明显。简言之，汉语的整体意识和个体意识都是模糊的，界限意识较弱，而英语的整体意识和个体意识都更加清晰，界限意识都较强。

2.1.1 界限标记与层次性结构的处理

英语的各种结构之间往往有形式标记，这种标记是标识个体特性的一种表现，也是个体之间的界限标记。与汉语相比，英语由于个体意识强，显然有更多的界限标记。在英汉翻译中，译者一定程度上需要削弱主次界限，删减各种各样的界限标记。削弱程度和删减多少，与文体较为相关。通常情况下，英语文学翻译中，为了保证文学本身的美感，对流畅性要求较高，削弱程度和删减的数量会大于非常严谨的科技翻译和法律翻译等类型（参看本书"附录"中对翻译腔的讨论）。例如：

（1）"Now, Kitty, you may cough as much as you chuse," said Mr. Bennet; <u>and, as he spoke, he left the room</u>, fatigued with the raptures of his wife. "What an excellent father you have, girls," said she, when the door <u>was shut</u>. (Jane Austen: *Pride and Prejudice*)

（a）"吉蒂，现在你可以放心大胆地咳嗽啦，"班纳特先生一面说，一面走出房间,原来他看到太太那样得意忘形,不免觉得有些厌恶。[……]门一关上,班纳特太太便对她的几个女儿说。(王科一译)

(b)"好啦,基蒂,你可以尽情地咳嗽啦,"贝内特先生说道。他一边说,一边走出房去,眼见着太太那样欣喜若狂,他真有些厌倦。[……]门一关上,贝内特太太便说道。(孙致礼译)

(c)"好了,凯蒂,你可以想怎么咳嗽就怎么咳嗽了。"贝内特先生说着,走出了房间,看着妻子那副欢天喜地的模样,不免生出几分厌恶。[……]房门一关上,贝内特太太就叫嚷开了。(罗良功译)

例1中,例如he spoke 和he left the room是有主次之分的,as是明确的从属标记。然而,三个译文都没有了从属标记。同时,原文中的时态、语态、并列标记都消失了。

再如:

(2) The young woman was tall, with a figure of perfect elegance on a large scale. She had dark and abundant hair, so glossy that it threw off the sunshine with a gleam, and a face which, besides being beautiful from regularity of feature and richness of complexion, had the impressiveness belonging to a marked brow and deep black eyes. She was ladylike, too, after the manner of the feminine gentility of those days; characterised by a certain state and dignity, rather than by the delicate, evanescent, and indescribable grace, which is now recognized as its indication. And never had Hester Prynne appeared more ladylike, in the antique interpretation of the term, than as she issued from the prison. (Nathaniel Hawthorne: *The Scarlet Letter*)

(a)那年轻女子身材颀长,体态无比优雅。她那一头深色的丰美秀发在阳光下熠熠生辉,她的脸庞不仅五官匀称,富于气质,显得十分俊美,而且那饱满的额头和深陷的黑眼睛具有动人心魄的魅力。即使按照那时候的大家闺秀的标准来衡量,她也是具有贵妇风范的。那时候,贵妇人的标志是端庄高贵;而非现在的妩媚娇柔和莫名其妙的文雅。赫丝黛·普丽恩走出监狱时所表现出来的仪态比她以往任何时候都更具贵妇人气派，此处贵妇人一词是以其古义作解的。（周晓贤译）

（b）这年轻妇女，身材苗条，体形举止优美绝伦。她一头茂密的黑发光泽照人，仿佛不时放射出艳丽的阳光；她的脸除了端正和肤色丰润之外，还有给人以刻骨铭心之感的清秀的眉宇和一对深黑的大眼睛。就当时上流社会的女性气质而论，她俨然是一个高贵的太太。当时太太的标志是端重、高贵，而非眼下所推崇的娇弱、轻盈和难以言传的优雅。按照从前人们对贵妇人的解释，海丝特·普琳从不曾像从狱门里步出时更像一位贵妇人。（熊玉鹏译）

（c）这位少妇的身材颀长，整个体态优雅完美。她头上乌发如云，亮泽可鉴，令阳光都为之黯然失色。她的那张脸，除了绒毛匀称、肤色浓艳而显得美外，还有着令人难以忘怀的显眼的前额和一双深邃的黑眼睛。她的风度雍容如贵妇，模仿那个时代女性斯文的仪态，具有某种气质和尊严，而不是现在被接受为其象征的娇气的、纤细的和难以形容的优雅。按照古时候对贵妇一词的解释，赫丝特·普林从未曾显得比从监狱出来时更像贵妇人的了。（黄水乞译）

（d）这个青年妇女身材颀长，体态优美绝伦。她的秀发乌黑浓密，在阳光下光彩夺目。她的面庞皮肤滋润，五官端正，在清秀的眉宇间还有一双深邃的黑眼睛，使之极为楚楚动人。她有一种高贵女子的气质，具有那个时代女性优雅的举止仪态；某种特有的稳重端庄，而没有今日认为是高贵女子标志的那种纤弱、轻柔和难以言喻的优雅。即使用古时候对贵妇人一词的解释，海丝特·白兰在步出监狱时的仪态也是名实相符的。（姚乃强译）

例2中原文层次分明，主题突出。相对而言，汉语很难再现清晰的层次性，其实，只要尝试把各种译文回译英语就会发现，译文中不容易找回原文的焦点，从而翻译回同原文一样具有层次性的结构。

英语的整体意识，还体现在英语习惯于演绎式的表述，先点明话语主题，然后演绎性地叙述该主题。例如：

（3）<u>Externals have a great effect on the young</u>: I thought that fairer era of life was beginning for me,—one that was to have its flowers and pleasures, as well as its thorns and toils. My faculties, roused by the change of scene, the new field offered to hope, seemed all a stir. I cannot precisely define what they expected, but it was something pleasant: not perhaps that day or that month, but at an indefinite future period. (Charlotte Brontë: *Jane Eyre*)

（a）<u>外表对于年轻的人很有影响</u>：我想一个美好的生活时代为我开始了——一个既有荆棘和劳苦，也有鲜花和欢乐的时代。我的才智被这种情景变迁，这种令人怀希望的新地方所刺激，似乎全活动起来了。我的才智究竟希望得到什么东西，我无法准确说明，不过是一种令人愉快的东西：并不就在那一天或那一月，却在一个不明确的未来的时期。（李霁野译）

（b）<u>外表对于青年人是有强烈的影响的</u>。我想，对我来说，生活中一个比较美好的时期正在开始，一个有着荆棘和劳苦，同时也有鲜花的欢乐的时期。由于场景有了变动，由于有希望出现一个新天地，我的官能被唤醒，似乎完全都活跃起来。我不能确切地说明它们在期待什么，不过那总是一种愉快的东西：也许不只是在那一天或者那一个月，而是在一个不明确的未来时期。（祝庆英译）

再如：

（4）His brother-in-law, Mr Hurst merely looked the gentleman; but <u>his friend Mr. Darcy soon drew the attention by his fine, tall person, handsome features, noble mien</u>; and the report which was in general circulation within five minutes after his entrance, of his having ten thousand a year. (Jane Austen: *Pride and Prejudice*)

（a）他的姐夫赫斯托只不过像个普通绅士，不大引人注目，但是他的朋友达西却立刻引起了全场的注意，因为他身材魁伟，眉清目秀，

举止高贵,于是他进场不到五分钟,大家都纷纷传说他每年有一万镑的收入。(王科一译)

(b) 他姐夫赫斯特先生看来不过是个上流社会的绅士而已,<u>但是他的朋友达西先生身材魁伟,相貌英俊,气宇轩昂,很快就引起了整个舞厅的注目</u>。他进来还不到五分钟,消息就传开了,说他每年有万镑收入。(张玲译)

英文例句中,采用了演绎的方法,先谈达西引起全场注意这个结果,再谈原因。王的译文保留了英文的行文顺序,且添加了因果关系词"因为",这就给整句添加了界限标记,不太符合中文的风格。而张的译文则调整了语序,采用归纳式方法,先谈原因,再谈结果,这样就能避免添加连接词,行文更加流畅,符合中文的行文顺序和风格。

例5中的两个译文也是比较典型的归纳式表述。

(5) A man with a reflective turn of mind, walking through an exhibition of this sort, will not be oppressed, <u>I take it</u>, by his own or other people's hilarity. (William Makepeace Thackeray: *Vanity Fair*)

(a) <u>我想</u>,凡是有思想的人在这种市场上观光,不但不怪人家兴致好,自己也会跟着乐。(杨必译)

(b) <u>我以为</u>,一个生性善于思索的人,穿过这样一种场所时,不会被自己或其他人的狂欢情绪左右。(贾文洁、贾文渊译)

英语的整体意识,还表现在表述一个事件的结果总是逻辑上隐含着过程,而汉语的过程和结果未必隐含着很强的逻辑关系,表现出整体意识弱的特点。例如,"我倒水给你喝"。"倒水给你"这个过程未必导致"你喝"这个结果。汉语的整体意识具有一定的模糊性,与主客交融的思维方式具有一致性,即汉语的整体意识中具有主体性,甚或主观性。"天人合一"的整体意识就是这种典型表现。

(6) Cranly led me to get rich quick, <u>hunting</u> his winners among the

mud splashed brakes, amid the bawls of bookies on their pitches and reek of the canteen, over the motley slush. (James Joyce: *Ulysses*)

（a）为了及早发上一笔财，克兰利曾把我领到这里来。我们在溅满泥点子的大型四轮游览马车之间，在各据一方的赛马赌博经纪人那大声吆唤和饮食摊的强烈气味中，在色彩斑驳的烂泥上穿来穿去，寻找可能获胜的马匹。（萧乾、文洁若译）

（b）克兰利带我去找发财捷径，在溅满泥水的赛马车之间钻来钻去，寻找可能获胜的号码；赌注经纪人各占一方地盘，大声地招揽主顾；五颜六色的泥浆地上，一股强烈的食堂气味……（金隄译）

原文中的 hunting 后接三个名词词组 among...brakes, amid the bawls and reek, over...lush，萧译译为"在马车之间，在那大声吆唤和饮食摊的强烈气味中，在色彩斑驳的烂泥上穿来穿去"，萧译增加一个动作"穿来穿去"，同样金译也未直接译为名词，而是显化了多个动作，如"钻来钻去""招揽"等，即两个译本都显化了达致结果的过程。

2.1.2 周遍性重复的使用

刘宓庆（2006：488—489）指出，周遍性重复（回环性复叠）是中国式的整体思维风格的表现，汉语这种长于周遍性整体重复的优点，让句子既可以很有节奏感，又可以使结构具有简略的形式美。英语则没有这个优越性。原因在于思维方式上并不注重这种看似面面俱到的描写，因而这种回环重复在英语中是不必要的。

因此，英汉翻译中适当应用近似于周遍性重复结构的结构有利于增强译文的流畅性。例如：

(7) As the manager of the Performance sits before the curtain on the boards and looks into the Fair, a feeling of profound melancholy comes over him in his survey of the bustling place. <u>There is a great quantity of eating and drinking, making love and jilting, laughing and the contrary, smoking,</u>

cheating, fighting, dancing and fiddling; there are bullies pushing about, bucks ogling the women, knaves picking pockets, policemen on the lookout, quacks (OTHER quacks, plague take them!) bawling in front of their booths, and yokels looking up at the tinselled dancers and poor old rouged tumblers, while the light-fingered folk are operating upon their pockets behind. Yes, this is VANITY FAIR; not a moral place certainly; nor a merry one, though very noisy. (William Makepeace Thackeray: *Vanity Fair*)

(a) 领班的坐在戏台上幌子前面，对着底下闹哄哄的市场，瞧了半晌，心里不觉悲惨起来。市场上的人有的在吃喝，有的在调情，有的得了新宠就丢了旧爱；有在笑的，也有在哭的，还有在抽烟的，打架的，跳舞的，拉提琴的，诓骗哄人的。有些是到处横行的强梁汉子，有些是对女人飞眼儿的花花公子，也有扒儿手和到处巡逻的警察，还有走江湖吃十方的，在自己摊子面前扯起嗓子（这些人偏和我同行，真该死！），跳舞的穿着浑身发亮的衣服，可怜的翻斤斗老头儿涂着两腮帮子胭脂，引得那些乡下佬睁着眼瞧，不提防后面就有三只手的家伙在掏他们的口袋。是了，这就是我们的名利场。这里虽然是个热闹去处，却是道德沦亡，说不上有什么快活。（杨必译）

(b) 木偶戏班的班主坐在台上幕前，瞅着场内熙来攘往的景象，不由得深感悲哀。这里热闹非凡，有吃有喝，有哭有笑；有的在相爱，有的刚变心；有的在抽烟，有的在行骗，有的在打架；有跳舞的，有拉琴的；恶汉恃强凌弱，好色之徒冲女人挤眉弄眼；掏包的如鱼得水，巡警也不吃干饭；走江湖的（我是说其他走江湖的，这帮该死的东西！）在他们的帐篷前大声吆喝招揽看客；跳舞的女郎衣服上缀满发光的金属片，可怜的老小丑腮帮上搽了胭脂翻跟头，乡巴佬看得出神时，指端功夫了得的小偷正乘机对他们的口袋下手。是啊，这便是名利场，当然不能说它是个劝人为善的地方，也说不上特别好玩，虽然喧闹的厉害。（荣如德译）

(8) I have no other moral than this to tag to the present story of "Vanity Fair." Some people consider Fairs immoral altogether, and

eschew such, with their servants and families: very likely they are right. But persons who think otherwise, and are of a lazy, or a benevolent, or a sarcastic mood, may perhaps like to step in for half an hour, and look at the performances. <u>There are scenes of all sorts; some dreadful combats, some grand and lofty horse-riding, some scenes of high life, and some of very middling indeed; some love-making for the sentimental, and some light comic business; the whole accompanied by appropriate scenery and brilliantly illuminated with the Author's own candles.</u> (William Makepeace Thackeray: *Vanity Fair*)

(a) 我这本小说《名利场》就<u>只有这么一点教训</u>。有人认为市场上人口混杂，是个下流的地方，不但自己不去，连家眷和佣人也不准去。大概他们的看法是不错的。不过也有人生就懒散的脾气，或是仁慈的心肠，或是爱取笑讽刺的性格，他们看法不同一些，倒愿意在市场里消磨半个钟头，<u>看看各种表演，像激烈的格斗，精彩的骑术，上流社会的形形色色，普通人家生活的精彩，专为多情的看客准备的恋爱场面，轻松滑稽的穿插等等。</u>这场表演每一幕都有相称的布景，四面点着作者自己的蜡烛，满台照得雪亮。（杨必译）

(b) 我写这个关于名利场的故事<u>并没有其他道德寓意</u>。有些人干脆认为这等场所一概伤风败俗，非但自己绝不涉足，还禁止他们的家属、仆人前往。很可能他们是对的。但有些不作如是观的人，或懒得多想，或比较宽容，或倾向于挖苦，他们也许喜欢到那儿去转悠半个钟头看看表演。那儿什么样的场景都有：<u>有惊心动魄的打斗，壮观精彩的马术；有上流社会的气派，也有寻常人家的生活；有缠绵悱恻的爱情，也有轻松滑稽的笑料</u>——所有这一切都配有相应的背景和辉煌的烛光（蜡烛是作者自己掏钱买的。）（荣如德译）

(9) In <u>this county</u> there was a seat of yours at Kingsbere, <u>and another at</u> Sherton, <u>and another at</u> Milipond, <u>and another at</u> Lullstead, <u>and another at</u> Wellbridge. (Thomas Hardy: *Tess of the D'Urbervilles*)

(a) 从前<u>本郡</u>里，你们家的宅第园囿，王陴有一处，谢屯有一处，

米尔滂有一处，勒尔台有一处，井桥也有一处。（张谷若译）

(b) 在这个郡，过去在金斯比尔有一处你们的房产，在希尔屯还有一处，在磨坊池有一处，在拉尔斯德有一处，在井桥还有一处。（王忠祥、聂珍钊译）

(c) 我们郡里原来就有几家，金斯贝尔有一家；舍顿有一家；磨坊沱有一家；拉尔斯特德有一家；井桥还有一家。（孙法理译）

在原文中，或是为了某些特定的文学色彩，英文原文采取了不常用的重复式表达，对此，三位译者均采用了类似汉语的周遍性重复结构对原文结构做了一定的保留，但在具体的表达中，王忠祥和聂珍钊的译本在所有的重复结构中都加上了"在"，而其他两个译本则没有，原因在于在主体意识较强的汉语中，"王牌有一处"体现的从属关系就已经默认了两者空间上的联系，因此在汉语的表述中，"在"便不需要刻意点明了，否则可能使译文在显得拖沓累赘的同时，还会体现出较强的界限感，不符合中文的行文。

此外，对 this county 的翻译，与前两个译本相比，最后一个译本通过"我们"拉近了客体（郡）和主体（说话人）之间的心理距离，体现了更强的主体意识。

2.1.3　段落衔接

汉语段落的划分，也有一定的主观性，即其独立性也相对弱于英语段落。英语段落的界限性相对更强，导致英汉翻译中必须添加一些衔接词汇，才能提高译文的流畅性。例如：

(10) Mr Utterson the lawyer was a quiet, serious man. ...
Mr Utterson's best friend was a distant cousin called Richard Enfield, who was well known as a fun-loving 'man about town'. Nobody could understand why they were friends, as they were different from each other in every way. They often took long walks together, however, marching

through the streets of London in companionable silence.

One of these walks used to take them down a narrow side street in a busy part of London. It was a clean, busy, friendly street with bright little shops and shiny doorknockers. (Robert Luis Stevenson: *Dr. Jekyll and Mr. Hide*)

律师厄特森先生是个不爱说话、一本正经的人。

厄特森先生最好的朋友是他的一个远房表亲，叫理查德·恩菲尔德。这个人是城里出名的"爱热闹"，交际场里的老手。谁也搞不明白他们为何居然是朋友，他们可真有天壤之别。但他们却经常一起散步，一走就是好远，穿过伦敦的街道，安安静静地做着伴。

<u>有一次</u>，他们散步走到伦敦闹市区一条狭窄的背街上。这条街干净、热闹，人们也和善，一家家亮亮堂堂的小商店，门环锃明透亮。(凡璇译)

英语的段落基本上以情节主题为主线。上下情节之间并不总是通过词汇来衔接。时间和空间的转换，尤其是时间转换，时体标记可以起一定的衔接作用。这点，由于汉语中缺乏时体标记，往往要通过时间词汇来明示。这给汉语读者带来了较强的界限感，造成阅读时有较大的跳跃感，甚至误读。例 10 中，若不添加"有一次"，减弱界限感，汉语读起来就有些古怪。

2.1.4　汉语亲属称谓词的使用

汉语界限性不强的特点还反映在亲属称谓上。相比英语而言，汉语的亲属称呼似乎区分得更为细致。例如：

(11) and Elizabeth was thankful to find that they did not see more of her <u>cousin</u> by the alteration (Jane Austen: *Pride and Prejudice*)

(a) 伊丽莎白庆幸地发现，威廉爵士走后，她与表兄相见的机会并没增多，(孙致礼译)

(b) 伊丽莎白感到庆幸的是，威廉爵士一走，她见到表哥的次数也少了。（罗良功译）

原文中的 cousin，既可以指堂兄弟姐妹也可以指表兄弟姐妹；而在两个译本中，可以看出来两位译者都将该称谓给明晰化了，根据背景知识，译成"表兄""表哥"。

英汉这种整体观和个体观的差异导致英汉翻译时若不明晰英语中的亲属称谓，还会造成阅读不畅。例 12 中的 cousin 若只像例 10（原文为小说最开头的三段）翻译成"表亲"就会显得怪异。

(12) One night Hyde injured a child in the street and a passer-by saw him. That passer-by was your cousin. I recognized him when the two of you came to my window. Your cousin caught Hyde and an angry crowd collected. They asked for money for the child's family. In the end, in order to escape, Hyde had to give your cousin a cheque in the name of Jekyll. (Robert Luis Stevenson: *Dr. Jekyll and Mr. Hide*)

一天晚上，海德在街上弄伤了一个小女孩，有人在路上看到了他，那人就是你表弟，有一次你们俩散步到我的窗下，我认出了他。你表弟一把抓住海德，愤怒的人群聚了过来，要海德给孩子家赔钱。为了脱身，海德最后给了你表弟一张杰基尔签名的支票。（凡璇译）

以上例证表明汉民族对亲属区分得更为细致，这与汉民族与英民族对家庭概念的认知存在差异相关。然而，值得注意的是，汉语亲属称呼语并不是时时都表现得更为精确。汉语民族崇尚大家庭，这个大家庭可以延伸到社会网络，多种亲属称呼可以用于非血缘关系的人，这似乎反映出汉民族家庭界限性更弱的特点。汉语的这种特点，很容易给英汉互译带来困难（可参考王建国，2019）。

2.2 主体意识与客体意识

汉语母语者有较强的主体意识且主客不分、西人有较强的客体意识且主客两分（连淑能，2002；潘文国，1997：363；刘宓庆，2006：486）。这种观点可以通过一些类似的观点和语言形式的证据得到进一步证明。另外，孙隆基（2004）有"汉语母语者重心"的说法，康有为（转引自马洪林 1994）有"西人重智"的说法。王建国（2019）也指出了一系列语言形式的证据。

2.2.1 客体意识转换为主体意识

刘宓庆（2006：48）指出，"主体意识思维往往从自我出发来理解、演绎、描写客观环境这个外在世界中的事物，因而使语言表述带有各种特征的'主体性'"。英汉的差异之一就在于主客体意识不同，汉民族有很强的主体意识，而英民族有很强的客体意识，因而英语中有大量的无灵事物做主语，而汉语更常用有灵事物做主语。例如：

(13) Then came the autumn when I planted the bulbs alone, and knew that from then on it would always be that way. (*Altogether Autumn*)[①]

（a）接着就是我独自下种的那个秋天，我还知道从此就是单干的命了。（陆谷孙译）

（b）然后，秋天来了，只剩下我独自栽种球茎花，我知道从此以后都得这个样子了。（周仁华译）

在原文中，主语是 the autumn，而带有人即 I 的部分位于句子的状语中，在汉译时，两位译者都考虑到了汉语的主体意识，可以看出，都以"我"为主角展开了构句，体现了英汉主客体意识差异。再如：

---

① 转引自 https://wenku.baidu.com/view/de00ff30b90d6c85ec3ac616.html

（14）Her new green flowered-muslin dress spread its twelve yards of billowing material over her hoops and exactly matched the flat-heeled green morocco slippers her father had recently brought her from Atlanta. (Margaret Mitchell: *Gone with the Wind*)

（a）她身上穿着一件新制的绿色花布春衫，从弹簧箍上撑出波浪纹的长裙，配着脚上一双也是绿色的低跟鞋，是她父亲新近从饿狼陀买来给她的。（傅东华译）

（b）她穿着那件花绿布的新衣，裙箍把用料12码波浪形裙幅铺展开来，跟她父亲刚从亚特兰大给她捎来的平跟摩洛哥羊皮绿舞鞋正好相配。（陈良廷译）

（c）她穿一件新做的绿花布衣裳，长长的裙子在裙箍上波翻浪涌般地飘展着，配上她父亲新近从亚特兰大给她带来的绿色山羊皮鞋，显得分外相称。（戴侃、李野光译）

（d）她身着一件新的绿色花棉布连衣裙，波浪形的裙幅达12码，从裙箍处飘泄下来，这与她父亲最近从亚特兰大给她买回的绿色平跟摩洛哥皮拖鞋刚好相配。（李明译）

四个译本都表现出较强的主体性特征：原句以物体"her new green dress"作为主语，而在汉语译文中，均用"她"即小说中的女主人公来做主语，从"她"的视角展开描写。再如：

（15）Mr. Bennet was so odd a mixture of quick parts, sarcastic humour, reserve, and caprice, that the experience of three and twenty years had been insufficient to make his wife understand his character. (Jane Austen: *Pride and Prejudice*)

（a）班纳特先生真是个古怪人，他一方面喜欢插科打诨，爱挖苦人，同时又不苟言笑，变幻莫测，真使他那位太太积二十三年之经验，还摸不透他的性格。（王科一译）

（b）贝内特先生是个古怪人，一方面乖觉诙谐，好挖苦人，另一方面又不苟言笑，变幻莫测，他太太积二十三年之经验，还摸不透他

的性格。(孙致礼译)

(c) 贝内特先生就是这么性情古怪复杂,既机敏诙谐、喜欢冷嘲热讽,又保守矜持,让人捉摸不定,<u>难怪二十三年的共同生活都不足以让他的妻子真正了解他的性格</u>。(罗良功译)

英语的主客体界限比较清晰,有较强的客体意识。在上例中,the experience of three and twenty years 在从句中作主语,是客观的事物。译文 a 和 b 分别将其译为"真使他那位太太积二十三年之经验"和"他太太积二十三年之经验",体现了汉语的主体参与意识。而译文 c 将其译为"难怪二十三年的共同生活",用"共同生活"作主语,不是很符合汉语的表达习惯。相较之下,译文 a 和译文 b 更加通畅。

2.2.2 客体意识转换为主客交融

严格意义来说,上节的例证都反映了客体意识转换为主客交融的意识。我们认为,使用感官词是常见的一种达致主客交融、拉近主客距离的方式。例如:

(16) Elizabeth took up some needlework, and was sufficiently amused in attending to what passed between Darcy and his companion. <u>The perpetual commendations of the lady either on his hand-writing, or on the evenness of his lines, or on the length of his letter</u>, with the perfect unconcern with which her praises were received, formed a curious dialogue, and was exactly in unison with her opinion of each. (Jane Austen: *Pride and Prejudice*)

(a) 伊丽莎白在做针线,一面留神地听着达西跟彬格莱小姐谈话。<u>只听得彬格莱小姐恭维话说个不停,不是说他的字写得好,就是说他的字迹一行行很齐整,要不就是赞美他的信写得仔细</u>,可是对方却完全是冷冰冰爱理不理。这两个人你问我答,形成了一段奇妙的对白。照这样看来,伊丽莎白的确没有把他们俩看错。(王科一译)

(b) 伊丽莎白拿起了针线活,津津有味地听着达西同他那位伙伴之间的交谈。那位小姐不是说他字写得好,就是说他一行行写得整齐,再不就是说他信写得很长,这些没完没了的恭维和对此完全无动于衷的反应,构成了一场奇妙的对话,这与伊丽莎白对他们彼此双方的印象恰相吻合。(张玲译)

这段话以"伊丽莎白"作为话题,所有的内容都是伊丽莎白所听到的内容。关于画线句的翻译,张译更换了话题,以"那位小姐"作为话题,保留了英文的客观性。而王译增添了感官动词"只听得",体现了汉语主体性思维,甚至较强的主观性,同时,这个增添使得该句与上一句形成了以"伊丽莎白"为话题的话题链。因此对比之下,王译本更符合汉语的行文特点,衔接也更流畅。再如:

(17) In the warmth of her responsiveness to their admiration she invited her visitors to stay to tea. (Tomes Hardy: *Tess of the D'Urbervilles*)

(a) 她见了她们对苔丝那样羡慕,欣喜之余,一阵热情,就把她们都留下了吃茶点。(张谷若译)

(b) 见了这几个姑娘对苔丝羡慕不已,她就一阵兴奋,热情地留她们喝茶。(吴笛译)

在原文中,画线部分是介词短语做状语,对译过来就是"在她对他们羡慕的热烈回应中",这是一种极其客观的描述,但是这种直译在汉语中并不地道,有很浓的翻译腔。两位译者在自己的译文中,都不约而同地增译了"见了"这个动作,这就使得译文带有非常强的主体意识,但是却更加流畅,符合汉语表达习惯。这体现了汉语主体意识强的特点。再如:

(18) She was shewn into the breakfast-parlour, where all but Jane were assembled, and where her appearance created a great deal of surprise — that she should have walked three miles so early in the day, in such dirty weather, and by herself was almost incredible to Mrs. Hurst and Miss

Bingley; (Jane Austen: *Pride and Prejudice*)

（a）她被领进了餐厅，<u>只见</u>他们全家人都在那儿，只有吉英不在场。她一走进门就引起全场人的惊奇。<u>赫斯托太太和彬格莱小姐心想</u>，这么一大早，路上又这么泥泞，她竟从三英里路开外赶到这儿来，而且是独个儿赶来的，这事情简直叫人无法相信。（王科一译）

（b）她被引进早餐厅，大家都在那儿，唯独不见筒。她一露面，在场的人都感到惊讶。这么一大清早，这么泥泞的道儿，她居然独自一人步行了三英里。这在赫斯特太太和宾利小姐看来，简直令人难以相信。（张玲译）

原文第一句描写伊丽莎白进入 Bingley 家餐厅的画面，原文用 where 引导的状语从句来描述客观的画面，也就是"所有人都在场，唯独 Jane 不在场"，形成一种客观的立体视角。在汉语译文中，两译本分别加了感官动词"只见"和"见"，将客观画面转换为主人公的主观视角，从伊丽莎白的视角出发来描述她眼中看到的画面。其次，破折号之后描写的是伊丽莎白如何到达 Bingley 家的过程，同样是客观描述。王译添加了"赫斯托太太和彬格莱小姐心想"，将此段话转为这两位女士的心理描写，更加增强了其译文中的主客交融意识。

2.2.3 修辞性地模糊原文意义的界限

修辞性地模糊原文意义的界限，是通过添加强势修饰词的方式获得的。修辞性意义，往往具有主观色彩，增强了主客交融的意识。例如：

(19) —"I suppose you can't be blamed for not wanting to go back to the front. But I should think you would try something more intelligent than producing jaundice with alcoholism."

—"With what?"

—"With alcoholism. <u>You heard me say it.</u>" (Ernest Hemingway: *A Farewell to Arms*) (a)"你不愿意上前线,倒也难怪。不过故意纵酒来害上黄疸病,那未免也太不聪明啦。"

"你说我故意什么?"

"故意纵酒,你<u>明明</u>听见的嘛。"(林疑今译)

(b)"你不愿意回前线,大概也没有什么可指责的。不过故意酗酒以患上黄疸病,我想并非明智之举"。

"你说我故意什么?"

"故意酗酒,你刚才<u>明明</u>听见了嘛。"(方华文译)

原文"You heard me say it."表示"你刚才听见我说了",两个译本都添加了语气副词"明明",体现了说话人强烈的肯定语气,带有一定的主观色彩。因此两个译本的处理相较于原文都具有一定的主观性。再如:

(20)"'Tisn't a city, the place I mean; leastwise 'twaddn' when I was there—'twas a little one-eyed, blinking sort o' place." (Thomas Hardy: *Tess of the D'Urbervilles*)

(a)"那并不是个城,俺说的那个地方并不是个城;至少俺上那儿去的时候,那不是个城。<u>那是个土里巴唧、不起眼儿的小地方。</u>"(张谷若译)

(b)"那儿哪是一个城市,我是说那儿只是一块地方;至少我去那儿的时候不是一个城市——<u>那儿只不过是像一只眼睛般大小的讨厌的地方。</u>"(王忠祥、聂珍钊译)

(c)"那算什么城市,一丁点儿地方,我说,至少我去的时候算不上,只有一只眼,还瞎烘烘的!"(孙法理译)

例20中第一句,英文原文是在否定上文的内容,三个译本中,译者张谷若的译本采用了和原文相同的否定形式,而另两个译本则选用了一类表示反问语气的词"哪是""算什么",加强了译文的语气,营造了较强的主观修饰色彩,进而凸显了主体意识。此外,最后一句的英文行文通过两个形容词修饰place,在翻译中,王忠祥和聂珍钊的译本直接根据原文的语序及表达进行直译，导致译文"的""的"不休、主次分明；张谷若的译本则仅保留了原文语序，而对原文内容加上了一定的主观修饰，虽仍存有一定的界限感，但主体意识有明显的提升；孙法理的译本则通过上下文的衔接，略去 place，进而脱离原文语序的束缚，同时还在内容上加上了主观修饰词"只有""瞎哄哄"，模糊了主体与客体的界限，体现了较强的主体意识，更加贴合汉语行文特点。

2.2.4　主观性衔接词

王建国（2019）指出，汉英翻译中会删除主观性词汇、增强客体意识，同时，汉语中还存在一些汉语式的、具有主体意识的衔接词，如"话说"等。相反，英汉翻译中，会添加主观性词汇，这些词汇有时也会表现出汉语式的衔接功能。

（21）The dolphin was cold and a leprous gray-white now in the starlight. (Ernest Hemingway: *The Old Man and the Sea*)

（a）鲯鳅是冰冷的，这时在星光里<u>显得像</u>麻风病患者般灰白。（吴劳译）

（b）那鲯鳅是冷的，现在在星光下<u>看来</u>是一种鳞状的灰白色。（张爱玲译）

例 21 原文是一个客观描写的简单陈述句，而译文则增添了"显得像""看来是"这些带有主观色彩的词，相较于原文，可体现出英语主客两分和汉语主客不分的特点。

（22）For she could…… embroider beautifully; and spell as well as Dixonary itself; but she had such a <u>kindly, smiling, tender, gentle, generous</u> heart of her own, as won the love of everybody who came near her, from Minerva herself down to the poor girl in the scullery…… (William Makepeace Thackeray: *Vanity Fair*)

她花儿绣得好，拼法准确得和字典不相上下。除了这些不算，她心地厚道，性格温柔可疼，器量又大，为人又乐观，所以上自智慧女神，下至可怜的洗碗小丫头，没一个人不爱她。（杨必译）

该译文中画线部分的词，都具有衔接功能，似乎在原文中并没有对应的词表述这些词的含义。这些词看起来意义客观，但又有些主观，其使用体现了汉语主客交融意识。

2.2.5 拉近空间距离

下面两个例证中，译者多倾向于使用"这""我们"来翻译 the 和 that，拉近了客观上的空间距离，一定程度上反映了这种译法更符合汉民族的语感。

(23) The young woman was tall, with a figure of perfect elegance on a large scale. (Nathaniel Hawthorne: *The Scarlet Letter*)
(a) 这个青年妇人，身材修长，容姿完整优美到堂皇程度。（侍桁译）
(b) 那年轻妇女身材颀长，体态优美之极。（胡允桓译）
(c) 那年轻女子身材颀长，体态无比优雅。（周晓贤译）
(d) 这年轻妇女，身材苗条，体形举止优美绝伦。（熊玉鹏译）
(e) 这位少妇的身材颀长，整个体态优雅完美。（黄水乞译）
(f) 这个青年妇女身材颀长，体态优美绝伦。（姚乃强译）

(24) Now we are engaged in a great civil war, testing whether that nation, or any nation so conceived and so dedicated, can long endure. We are met to dedicate a portion of it as the final resting-place of those who here gave their lives that that nation might live. It is altogether fitting and proper that we should do this. (Abraham Lincoln: *The Gettysburg Address*)[1]

---

[1] http://www.abrahamlincolnonline.org/lincoln/speeches/gettysburg.htm

(a) 现在我们正在进行一场伟大的内战，这场战争能够考验<u>我们的国家</u>，或任何一个具有同样立国之本和同样奋斗目标的国家，是否能够持久存在。我们在这场战争的一个伟大的战场上相聚在一起。我们来到这里，是为了将这战场上的一块土地作为最后的安息之地献给那些为国捐躯的人们。我们这样做是完全恰当的，也是完全应该的。（姚媛译）①

(b) 现在我们正从事一场伟大的内战，以考验<u>这个国家</u>，或者说以考验任何一个孕育于自由之中、奉行上述原则的国家是否能够长久存在下去。我们在这场战争中的一个重大战场上集会。烈士们为了使<u>这个国家</u>能够继续存在下去而献出了自己的生命，我们在此集会是为了把这个战场的一部分奉献给他们作为最后安息之所。我们这样做是完全应该而且非常恰当的。（吴福临、廖爱玲译）①

(c) 目前我们正在进行一场伟大的国内战争。<u>我们的国家</u>或任何一个有着同样理想与目标的国家能否长久存在，这次战争就是一场考验。现在我们在这场战争的一个伟大战场上聚会在一起。我们来到这里，将这战场上的一小块土地奉献给那些为国家生存而英勇捐躯的人们，作为他们最后安息之地。我们这样做是完全恰当的，应该的。（石幼珊译）①

(d) 现在，我们正从事于一场伟大的内战，以考验这个国家，或者说，以考验任何孕育于自由并奉行上述原则的国家能否长久生存。我们聚集在这场战争中的一个伟大的战场上。我们在此集会，是为了把这战场的一部分奉献给那些为这个国家的生存而献身的烈士，作为他们的最后安息之所。我们这样做，是理所当然、恰如其分的。（江治译）①

(e) 当前，我们正在从事一次伟大的内战，我们在考验，究竟<u>这个国家</u>，或任何一个有这种主张和这种信仰的国家，是否能长久存在。我们在那次战争的一个伟大的战场上集会。我们来到这里，奉献那个战场上的一部分土地，作为在此地为<u>那个国家</u>的生存而牺牲了自己生

---

① https://max.book118.com/html/2015/1101/28297279.shtm

命的人的永久眠息之所。我们这样做，是十分合情合理的。（大学活页文库译文）①

（f）现在我们正在从事一场伟大的内战，以考验这个国家或任何具有相同信仰和致力于相同主张的国家能否长存。现在我们在这场战争的一个巨大的战场上集会，以奉献这个战场的一部分作为战士们的最终安息之地，这些战士们献出了自己的生命以换取国家的生存。我们这样做完全是合适和正当的。（郑昱译）①

（g）现在我们正从事伟大的内战，以测验这个国家，或任何有着相同信仰或相同主张的国家，能否维持长久。我们就是在这场战争的一个大战场上集会，为了要将这片土地的一部分，献给那些为了国家生存而捐躯的战士们，作为最终的安息之所。我们这样做是十分恰当的。（洪丽珠译）①

2.2.6　拉近时间距离

同样，由于汉语的主客交融意识，时间距离拉近之后，也更容易获得地道的汉语表述。例如：

(25) Spring had come early <u>that year</u>, with warm quick rains and sudden frothing of pink peach blossoms and dogwood dappling with white stars the dark river swamp and far-off hills. (Margaret Mitchell: *Gone with the Wind*)
春天来得很早，伴随来的是几场温暖的春雨，这时粉红的桃花突然纷纷绽放，山茱萸雪白也似的繁花将河边湿地和山冈装点起来。②

这个译文中没有对译 that year，同时增添了"这时"，都拉近了客观的时间距离。

---

① https://max.book118.com/html/2015/1101/28297279.shtm
② https://www.233.com/yw/zdmz/20120423/112312590.html

2.2.7　拉近社会距离

(26) Her manners had been imposed upon her by her mother's gentle admonitions and the sterner discipline of her <u>mammy</u>; her eyes were her own. (Margaret Mitchell: *Gone with the Wind*)

（a）原来她平日受了母亲的温和训诲和<u>嬷嬷</u>的严厉管教，这才把这副姿态勉强造成，至于那一双眼睛，那是天生给她的，绝不是人工改造得了的。（傅东华译）

（b）原来她一贯受到母亲的谆谆告诫和<u>黑妈妈</u>的严格管教才勉强养成这副礼貌；她那双眼睛才显出她的本色呢。（陈良廷译）

（c）她的举止是由她母亲的谆谆训诫和<u>嬷嬷</u>的严厉管教强加给她的，但她的眼睛属于自己。（戴侃、李野光译）

此处的 mammy 旧指美国南部照看白人孩子的黑人保姆，具有一定的贬义色彩。对比分析三种译文，不难发现，傅译和戴、李译都将其译为嬷嬷，失去了贬义色彩，而陈译直接使用"黑妈妈"一词，拉近了社会距离。

2.2.8　拉近情感距离

(27) "How did you get in?" called his mother from the kitchen stove, the minute she set eyes on him. Excitedly, her son told her of his adventures.

"Where's the silver coin?" his mother asked. Aladdin clapped a hand to his brow. For all he had brought home was the old oil lamp "Oh, mother! I'm so sorry. This is all I've got."

"Well, let's hope it works. It's so dirty…" and the widow began to rub the lamp. (*Adventures of Aladdin*)[①]

[①] https://americanliterature.com/author/the-brothers-grimm/short-story/the-adventures-of-aladdin (a)"你怎么进来的?"厨房里的妈妈看到他就问。阿拉丁难以抑制内心的激动,一五一十地把他的奇遇告诉了妈妈。"银币呢?"妈妈问道。阿拉丁拍了拍脑袋说:"妈妈,对不起,我就拿回来这个。"说着就把那盏旧灯拿了出来。"也好,希望还能用。就是太脏了。"说着寡妇就擦了起来。①

(b)"你怎么进来的?"厨房里的妈妈看到他就问。阿拉丁难以抑制内心的激动,一五一十地把他的奇遇告诉了妈妈。"银币呢?"妈妈问道。阿拉丁拍了拍脑袋说:"妈妈,对不起,我就拿回来这个。"说着就把那盏旧灯拿了出来。"也好,希望还能用。就是太脏了。"说着妈妈就擦了起来。

原文用 widow 来指代阿拉丁的妈妈,翻译时若直接对译成"寡妇",译文就会十分怪异。

2.3 汉英时间意识和空间意识

2.3.1 界限性强的时间感转换为连续性强的时间感

汉语缺乏时间性的语法标记,表述起来非常依赖时间顺序,因而表现出很强的时间连续性,相反,英语具有大量的时体标记,时间界限清晰,表现出很强的离散性。英汉翻译时,汉语表述往往需要使用时间词语来反映出英语时间离散性的特点。不过这样做可能导致汉语流畅性减弱。例如:

(28) Immediately, and according to custom, the ramparts of Fort Saint-Jean were covered with spectators; <u>it is always an event</u> at Marseilles for a ship to come into port, especially when this ship, like the Pharaon, has been built, rigged, and laden at the old Phocee docks, and belongs to

---

① http://ishare.iask.sina.com.cn/f/1Qp2smzzP3X3.html

an owner of the city. (Alexandre Dumas: *The Count of Monte Cristo*)

（a）圣·琪安海岛的平台上即刻挤满了看热闹的人。在马赛，一艘大船的进港终究是一件大事，尤其是像法老号这样的大船，船主是本地人，船又是在佛喜造船厂里建造装配的，因而就特别引人注目。①

（b）圣·琪安海岛的平台上当时就挤满了看热闹的人。在马赛，一艘大船的进港从来都是一件大事，尤其是像法老号这样的大船，船主是本地人，船又是在佛喜造船厂里建造装配的，因而它要进港就更加引人注目。

it is always 是现在时，而 were covered 是过去时。译文 a 不容易看出原文的这种时间界限，甚至没有时间转换的感觉，即时间的连续性很强。而译文 b 添加了相应的时间词汇，反而不如译文 a 流畅。

2.3.2　界限性强的空间感转换为界限性弱的空间感

(29) When he saw my horse's breast fairly pushing the barrier, he did put out his hand to unchain it, and then sullenly preceded me up the causeway, calling, as we entered the court,— "Joseph, take Mr. Lockwood's horse; and bring up some wine."

"Here we have the whole establishment of domestics, I suppose," was the reflection suggested by this compound order. "No wonder the grass grows up between the flags, and cattle are the only hedgecutters." (Emily Brontë: *Wuthering Heights*)

（a）他看见我的马的胸部简直要碰上栅栏了，竟也伸手解开了门链，然后阴郁地领我走上石路，在我们到了院子里的时候，就叫着："约瑟夫，把洛克乌德先生的马牵走。拿点酒来。""我想他全家只有这一个人吧，"那句双重命令引起了这种想法。"怪不得石板缝间长满了草，而且只有牛替他们修剪篱笆哩。"（杨苡译）

①　https://www.ddshu.net/2330_1098962.html

(b) 待到看见我的马儿的胸膛快要碰上栅栏，他倒也伸手解开了门链，然后很不乐意地领我走上石铺路。我们一进院子，他就大声喊道："约瑟夫，来把洛克伍德先生的马牵走，另外再拿些酒来！""我看，这家人家就这么个仆人了吧，"听了他那个双料命令，我暗想，"怪不得<u>石铺路上长满了草，树篱也得靠牛羊来修剪了</u>。"（宋兆霖译）

杨译对译了原文画线部分，反映了原文中精确的空间描写，而宋译却含糊对应了原文，反而显得更加自然。

(30) Folds of scarlet drapery shut in my view to the right hand; to the left were the clear panes of glass, protecting, but not separating me from the drear November day. At intervals, while turning over the leaves of my book, I studied the aspect of that winter afternoon. <u>Afar, it offered a pale blank of mist and cloud; near a scene of wet lawn and storm-beat shrub, with ceaseless rain sweeping away wildly before a long and lamentable blast.</u> (Charlotte Brontë: *Jane Eyre*)

（a）层层叠叠的猩红帷幔挡住了我右边的视线，左边却是明亮的玻璃窗，它保护着我，让我受不到阴郁的十一月天气的侵袭，却又不把我与外界隔绝。在翻书页的当儿，我偶尔眺望一下冬日午后的景色。远处，<u>只见</u>一片白茫茫的雾霭；附近，却是湿漉漉的草坪和风雨袭击下的灌木，连绵不断的雨让一阵经久不息的凄凄寒风驱赶着狂驰而过。（祝庆英译）

（b）在我右侧，绯红色窗幔的皱褶挡住了我的视线；左侧，明亮的玻璃窗庇护着我，使我既免受十一月阴沉天气的侵害，又不与外面的世界隔绝，在翻书的间隙，我抬头细看冬日下午的景色。<u>只见远方白茫茫一片云雾</u>，近处湿漉漉一块草地和受风雨袭击的灌木。一阵持久而凄厉的狂风，驱赶着如注的暴雨，横空归过。（黄源深译）

（c）褶裥重重的猩红窗幔挡住了我右边的视线，左边是一扇扇明亮的玻璃窗，它们在十一月阴沉沉的白昼下成了我的屏障，但同时又并不把我跟它完全隔绝开来。在翻书页的间歇中，我时不时地眺望一下这个冬日午后的景象。远处，只见云遮雾罩，白茫茫一片。近处，呈现的是湿漉漉的草地和风摧雨打的树丛，一阵持续的凄厉寒风，把连绵的冬雨刮得横扫而过。(吴钧燮译)

(d) 绉褶重重的猩红窗帘遮住了我右边的视线，左边是一扇扇明亮的玻璃窗。在十一月阴沉的白天，它们保护着我，但又不把我与它完全隔绝开。在翻动书页的间隙里，我不时地观望一下这冬天午后的景象。远处，呈现的是一片白茫茫的云雾。近处，只见湿漉漉的草地和风吹雨打的灌木丛。一阵持续的凄厉寒风刮起横扫而去的连绵冬雨。(曾凡海、吴江皓译)

(e) 深红色的窗帘遮住了我右边的视线，左边是明亮的玻璃窗，保护着我免受十一月里严寒的袭击，又不使我与外面景物隔绝开来。我一边翻书，一边眺望冬日午后的景色。远处是白茫茫的雾霭，近处是湿漉漉的草坪和备受风雨敲打的灌木。连绵不断的雨雪夹杂在阵阵凄厉的寒风中呼啸而过。(萧洢译)

原文画线部分是一种客观描写，而上面几个译文除了 e，都添加了"只见"，从"我"的视角把"远处"和"近处"之间的界限拉近了。

2.4 小结

纵观本章中所涉及的内容，我们可以发现，汉语界限意识弱，而英语界限意识强，统一地反映在各种汉英思维方式差异之中：英民族个体意识和整体意识都较强，强整体意识是建立在强个体意识之上，汉民族则相反；英民族主体意识和客体意识两分，而汉民族主客意识不分；英民族的时间意识和空间意识有很强的离散性，而汉民族的时间意识和空间意识则有很强的连续性。

这些思维方式差异在汉英两种语言中都有所体现，如吕叔湘（1979：11）所言，汉语具有连续性，而英语具有离散性。掌握好汉英思维方式的差异及其语言形式表现对相关研究和实践都有较大的启示。

第三章　英汉审美观差异与翻译

王建国（2019）指出，英语表现出接续性、离散性、界限性强的特点，而汉语表现出连续性强、界限性弱的特点，从审美的角度来看，比较而言，汉语和英语在精确、精练、冗余方面各有特点；同时，由于汉语结构的连续性强，汉语更讲究平面审美，形成散焦的特点；英语由于其结构的界限性强，层次感强，英语更讲究立体审美，形成聚焦的特点。这些审美观差异不仅在语用中得到体现，而且在词法、句法和章法中也有所体现。了解这些审美差异的语言形式特征，将会给汉英翻译实践带来更加具体的帮助。下文，我们就精确、精练、冗余以及平面与立体、散焦与聚焦等方面来分析英汉翻译实践。

3.1　英汉精练特征与英汉翻译

表 3-1　英语的精练与汉语的精练对比

	实词与虚词	扩展与浓缩	及物动词与不及物动词
汉语	重实词，轻虚词	词义含量低	多及物动词
汉语	多重复使用实词	明示甚至强化过程表达，扩展程度高，具象化	多及物动词
英语	重虚词，慎用实词	词义含量高	多不及物动词
英语	尽量用代词替代或隐含	隐含过程，重结果表达，浓缩程度高，抽象化	多不及物动词

由于汉英在精练方面所表现出的特征，英汉翻译中需要注意以下几点。

3.1.1 少用虚词

由于汉语重实词而轻虚词，因而英汉翻译中虚词要慎用。看看英汉翻译中对翻译腔的识别就非常能明白这个道理。黄忠廉和白文昌（2010）把翻译腔概括为：（1）的的不休；（2）当当不止；（3）因为所以；（4）被被被动；（5）你我他它[①]；（6）虚词浮肿；（7）怪腔怪调；（8）梗塞不畅；（9）拗口晦涩，欧化味浓；（10）思维不清。黄忠廉和白文昌指出的 10 项表现中，后四种似乎只能随感觉而定，而前六种都是虚词使用频率过高。

例 1 中，译文 b 相比译文 a 而言，删除了大量有界限标记功能的虚词，译文 b 的这种翻译法，更符合汉语特征，更具平面感、匀称感：

（1）He was a fine, tall, slim young fellow of eighteen or twenty, with black eyes, and hair as dark as a raven's wing; and his whole appearance bespoke that calmness and resolution peculiar to men accustomed from their cradle to contend with danger. (Alexandre Dumas: *The Count of Monte Cristo*)

（a）他是一个身材瘦长的青年，年龄约莫有十九岁左右的样子，有着一双黑色的眼睛和一头乌黑的头发；他的外表给人一种极其镇定和坚毅的感觉，那种镇定和坚毅的气质是只有从小就经过大风大浪，艰难险阻的人才具有的。[②]

（b）他身材瘦长，年约十九岁，黑色的眼睛，乌黑的头发；外表镇定坚毅，有着从小就饱受风霜的男人气质。

3.1.2 多用实词

多用实词，实际上是就实词占用词总数的比例而言。因为汉语中慎用

---

① 代词是半虚半实的词类（王力，1985）
② https://www.ddshu.net/2330_1098962.html

虚词，实词使用的比例就会增加。

另外，多用实词，还指相比英语而言，英语少用实词重复手段，而汉语更喜欢重复使用实词（包括同形、同义等形式），例如几乎所有的实词类型中都有实词能产生重叠形式。这种重叠使用实词的方式，是汉语取得匀称感和平衡感的一种重要审美方式。例如：

（2）Behind him the hills are <u>open</u>, the sun blazes down upon fields so large as to give an <u>unenclosed</u> character to the landscape, the lanes are white, the hedges low and plashed, the atmosphere colourless. (Thomas Hardy: *Tess of the D'Urbervilles*)

（a）他身后面，山势<u>空旷显敞</u>，篱路漫漫灰白，树篱<u>低矮盘结</u>，大气<u>无颜无色</u>，太阳明晃晃地照耀的那些块田地，<u>一处一处</u>非常广大，只显得那片景物，好像没有围篱界断一样。（张谷若译）

（b）在他的身后，山峦尽收眼底，太阳照耀着广阔的田野，为那片风景增添了气势恢弘的特点，小路是白色的，低矮的树篱的枝条纠结在一起，大气也是<u>清澈透明</u>的。（王忠祥、聂珍钊译）

（c）他身后的山峦没有遮蔽，白炽的阳光照耀在辽阔的田野上，形成一种<u>宏大开阔</u>的气势，小径闪着白色，树篱<u>矮矮的</u>，经过人工编结，大气也<u>清澈透明</u>。（孙法理译）

3.1.3　形象化表达

连淑能（1993）和刘宓庆（2006：507—8）指出，汉语以实表虚，用动词取代抽象名词，用形象和具体的词表抽象。例如：

（3）When he saw my horse's breast fairly pushing the barrier, he did put out his hand to unchain it, and then sullenly preceded me up the causeway, calling, as we entered the court—"Joseph, take Mr. Lockwood's horse; and bring up some wine."

"Here we have the whole establishment of domestics, I suppose," was the reflection suggested by this compound order. "No wonder the grass grows up between the flags, and cattle are the only hedgecutters." (Emily Brontë: *Wuthering Heights*)

(a) 他看见我的马的胸部简直要碰上栅栏了，竟也伸手解开了门链，然后阴郁地领我走上石路，在我们到了院子里的时候，就叫着："约瑟夫，把洛克乌德先生的马牵走。拿点酒来。""我想他全家只有这一个人吧，"那句双重命令引起了这种想法。"怪不得石板缝间长满了草，而且只有牛替他们修剪篱笆哩。"（杨苡译）

(b) 待到看见我的马儿的胸膛快要碰上栅栏，他倒也伸手解开了门链，然后很不乐意地领我走上石铺路。我们一进院子，他就大声喊道："约瑟夫，来把洛克伍德先生的马牵走，另外再拿些酒来！""我看，这家人家就这么个仆人了吧，"听了他那个双料命令，我暗想，"怪不得石铺路上长满了草，树篱也得靠牛羊来修剪了。"（宋兆霖译）

其中 this compound order 语义含量大，两个译文照直译，显得较为抽象，读起来都有些费力。若扩展开来，让其具象化，译文会比较易懂，如"又让他牵马，又让他拿酒，不由得我这么想"。

3.1.4 显化"过程"

(4) While the present century was in its teens, and on one sunshiny morning in June, there drove up to the great iron gate of Miss Pinkerton's academy for young ladies, on Chiswick Mall, a large family coach, with two fat horses in blazing harness, driven by a fat coachman in a three-cornered hat and wig, at the rate of four miles an hour. (William Makepeace Thackeray: *Vanity Fair*)

当时我们这世纪刚开始了十几年。在六月里的一天早上，天气晴朗，契息克林荫道上平克顿女子学校的大铁门前面来了一辆宽敞的私人马车。拉车的两匹肥马套着雪亮的马具。肥胖的车夫戴了假头发和

三角帽子，赶车子的速度不过一小时四哩。（杨必译）

was in its teens 是一种结果状态，one sunshiny morning 是一种概念化的表述，都具有结果性。杨必的译文"刚开始了十几年"，显然具有过程化的特征。同理，one sunshiny morning 表达的是一种名词概念，是状态化的表述，被译为"（六月里）的一天早上，天气晴朗"，是一种非概念化的表述，从而表现出"过程化"的译文表述取向。

（5）It is, in short, impossible for us to <u>conjecture</u> the causes or circumstances which may have alienated them, without actual blame on either side. (Jane Austen: *Pride and Prejudice*)

（a）简单地说，除非是我们有确确实实的根据可以责怪任何一方面，我们就无从<u>凭空猜想</u>出他们是为了什么事才不和睦的。（王科一译）

（b）总之，我们要是<u>硬去猜测</u>究竟是什么原因、什么情况造成了他们的不和，那就势必要怪罪某一方。（孙致礼译）

（c）总之，我们不能去<u>武断地</u>猜测其中的原委，否则就可能中伤其中一人了。（罗良功译）

原文中"conjecture"一词比较抽象，可以表达多种意思，既能表达对结果的猜测，又暗含这种猜测是毫无根据的，体现了英语动词含义丰富的精练性。三位译者在翻译的时候，都采取了显化的方法，通过显化事件发生过程的方式，如"凭空""硬去""武断地"等，把英语原文的意思完整地表达出来，由于显化了猜测的方式，读来也不会很生硬，译文更加流畅自然。

（6）Mr. Bennet, indeed, said little; but the ladies were ready enough to talk, and Mr. Collins seemed neither in need of <u>encouragement</u>, nor inclined to be silent himself. (Jane Austen: *Pride and Prejudice*)

（a）班纳特先生简直没有说什么话；可是太太和几位小姐都十分

愿意畅谈一下，而柯林斯先生本人好像既不需要<u>人家鼓励他多说话</u>，也不打算不说话。（王科一译）

（b）贝内特先生简直没说什么话，但太太小姐们却很乐意交谈，而柯林斯先生似乎既不需要<u>别人怂恿</u>，也不喜欢沉默寡言。（孙致礼译）

（c）贝内特先生说话不多，几位女士却踊跃攀谈，柯林斯先生倒也无需<u>有人帮他引入话题</u>，他本来就不是一个沉默寡言的人。（罗良功译）

例6原文中的"encouragement"是一个抽象化程度高的派生词，这一语言形式浓缩了多种意义，既表过程又表结果，体现了英语的精练。在翻译时，往往需要根据语境进行扩展，王科一译为"人家鼓励他多说话"，罗良功译为"有人帮他引入话题"，都较符合汉语表达，使行文流畅；而孙致礼译为"别人怂恿"，比较简练，但用词的感情色彩似乎与原文有些偏差。

3.2 英汉精确性特征与英汉翻译

英汉显然在某些方面都存在精确性的特征，对比如下：

表3-2 英语的精确性与汉语的精确性对比

	界限性弱与界限性强	界限标记	家庭关系与社会关系
汉语	实词的界限性弱。汉语名词需要靠添加量词才能表单复数，单音节动词不能表示完结的概念（戴浩一，2007）；形容词几乎没有最高级	界限标记少，且强制使用率低	家庭关系称谓分明，但亲属称呼延伸到社会关系，导致界限不清
	虚词使用率低		

(续表)

	界限性弱与界限性强	界限标记	家庭关系与社会关系
英语	实词的界限性强	界限标记多，且强制使用率高	家庭关系的称谓较为分明，较少延伸到社会关系
	虚词具有界限标记功能，使用率高		

由于英语表达的精确性，英语存在一些汉语中没有的词类，例如冠词（表定指和不定指）、关系代词和关系副词，它们表示结构之间的主次关系，与英语界限性强具有很强的对应关系。相反，汉语中则存在一些反映汉语具有连续性特征的词类，例如量词。现代汉语的量词添加之后才能表示名词的单复数。

英汉翻译中需要特别留意英语特有词类的翻译。例如（引自王建国，2019）：

(7) In a corner formed by two houses, of which one advanced more than the other, she seated herself down and cowered together. Her little feet she had drawn close up to her, but she grew colder and colder, and to go home she did not venture, for she had not sold any matches and could not bring a farthing of money: from her father she would certainly get blows, and <u>at home it was cold too, for above her she had only the roof, through which the wind whistled, even though the largest cracks were stopped up with straw and rags.</u> (Hans Christian Andersen: *The Little Match Girl*)

(a) 她在一座房子的墙角里坐下来，蜷着腿缩成一团。她觉得更冷了。她不敢回家，因为她没卖掉一根火柴，没挣到一个钱，爸爸一定会打她的。再说，<u>家里跟街上一样冷。他们头上只有个房顶，虽然最大的裂缝已经用草和破布堵住了，风还是可以灌进来。</u>(《卖火柴的小女孩》，人教版课本第十二册课文：67—68)

(b) 那儿有两座房子，其中一座房子比另一座更向街心伸出一点，她便在这个墙角里坐下来，缩作一团。她把一双小脚也缩进来，不过她感到更冷。她不敢回家里去，因为她没有卖掉一根火柴，没有赚到一个铜板。她的父亲一定会打她，而且<u>家里也是很冷的，因为他们头上只有一个可以灌进风来的屋顶，虽然最大的裂口已经用草和破布堵住了</u>。（叶君健译）

(c) 在前后并排的两栋房子的拐角处，她坐了下来，缩成一团。她把小脚紧紧地卷起来，但还是越来越冷。回家吧，不敢，因为一根火柴也没卖掉，一个硬币也没挣来，回家肯定要挨爸爸一顿揍。再说，<u>家里也冷，因为屋顶也透着风，用草和破布堵住最大的裂缝也无济于事</u>。

正是因为汉语中没有表界限差异的定指和不定冠词，导致很多汉语为母语的译者不能很好地使用和处理冠词。译文 a 和 b 都没有注意到 the 表已知信息，相应画线部分分别译为"他们头上只有<u>个</u>房顶"和"他们头上只有<u>一个</u>可以灌进风来的屋顶"，读起来十分怪异。译文 c 则根据汉语已知信息通常在话题位置的一般原则进行了处理，译文变得更加自然。

同时，译者也要注意灵活使用汉语量词。例如：

(8) the two youngest repaired to the lodgings of one of the officers' wives, and Elizabeth continued her walk alone, crossing field after field at a quick pace, jumping over stiles and springing over puddles with impatient activity, and finding herself at last within view of the house, with weary ancles, dirty stockings, and a face glowing with the warmth of exercise. (Jane Austen: *Pride and Prejudice*)

(a) 两位妹妹上一个军官太太的家里去，留下伊丽莎白独个儿继续往前走，急急忙忙地大踏步走过了<u>一片片</u>田野，跨过了<u>一道道</u>围栅，跳过了<u>一个个</u>水洼，终于看见了那所屋子。她这时候已经双脚乏力，袜子上沾满了泥污，脸上也累得通红。（王科一译）

(b) 两个妹妹朝一位军官太太家里走去，剩下伊丽莎白独自往前赶，只见她急急忙忙，脚步匆匆，穿过一块块田地，跨过一道道栅栏，跳过一个个水洼，最后终于看见了那幢房子。这时，她已经两脚酸软，袜子上沾满了泥浆，脸上也累得通红。（孙致礼译）

（c）两个小妹妹去了一位军官妻子的住所，伊丽莎白一个人继续赶路。她脚步匆匆，穿过一片接着一片的田地，跳过一道又一道的篱笆，跨过一处又一处的水洼，终于发现那幢别墅出现在视野之中。这时，她脚也酸了，袜子也脏了，脸颊却因为赶路而涨得通红。（罗良功译）

在王科一与孙致礼的译文中，出现了"一个个""一道道""一片片""一块块"之类的词，类似的，在罗良功的译文中有"一片接着一片""一道又一道""一处又一处"。这些都是中文所特有的叠量词，在英文中没有对等的形式，译者适当使用，更能让汉语读者接受。

汉语的精确往往与人文性相关，尤其是家庭关系、朋友关系。汉语这种精确性导致英汉翻译时译文有时较难处理。例如：

(9) Now that I was alone I thought about the terrible people I lived with. John Reed, his sisters, his mother, the servants, they all scolded and hated me. Why could I never please them? Eliza was selfish, but it did not matter. Georgiana had a bad temper, but everyone loved her because she was beautiful. John was ugly, cruel and violent, but nobody punished him. I tried to be good and make no mistakes, but they called me bad every day. Now that I had fought John to protect myself, everyone blamed me. (Charlotte Brontë: *Jane Eyre*)

我孤孤单单一个人，心里思量着和我一起生活的这些可怕的人。约翰·里德、他的妹妹们、他的母亲、仆人们——他们都训斥我，恨我。为什么我总不能让他们高兴呢？伊丽莎自私，但这无所谓。乔治娜脾气坏却人人喜欢，因为她长得漂亮。约翰丑陋、残忍、凶暴，却没有人惩罚他。我尽量表现好点，不犯错误，可他们每天都说我使坏。现在我为了自卫反抗约翰，更成了众矢之的。（岳春芳译）

例 9 "我"和其他人是表亲,但原文和译文中没有体现。同时,也看不出同辈之间的长幼关系。

3.3 英汉模糊性特征与英汉翻译

尽管汉语多以模糊为美,英语多以精确为美,但由于语言形式是线性的,世界是立体的,用线性的语言来描写世界,自然会力不从心。因而,无论是哪种语言都可能存在模糊性。下表是汉语和英语的模糊性特征对比:

表 3-3 英语的模糊性与汉语的模糊性对比

	修饰语的范围	词类	语法结构
汉语	由于语言的线性,修饰语的范围会导致不明	大量词类的形式、功能和意义具有连续性;例如,汉语名词单复数不明,可以做不同的句子成分;大量的词,如"也"可表示客观意义,也可能表示主观意义	各种语法结构的界限不够清晰,例如词和词组,词组和句子等
			少用虚词和语法标记,少用逻辑、层次标识
英语	英语的修饰语同样存在修饰范围不明,例如:old men and women		

译者需要注意使用"也""还"这样主客意义界限不明显的词来加强汉语的衔接性(见第 5 章)。同时,译者也需要根据语境区分清楚英语修饰语的修饰范围,避免产生误解。例如:

(10) "MISS JEMIMA!" exclaimed Miss Pinkerton, in the largest capitals. "Are you in your senses? Replace the Dixonary in the closet,

and never venture to take such a liberty in future." (William Makepeace Thackeray: *Vanity Fair*)

平克顿小姐一字一顿地大声嚷道:"吉米玛小姐,你疯了吗?把字典仍旧搁在柜子里,以后不准这么自作主张!"(杨必译)

孙致礼(1984)指出,从原文看得很清楚,平克顿小姐用"the largest capitals"喊叫的只是"MISS JEMIMA"这两个词;可是照译者的译法,虽然在"吉米玛小姐"下面加了着重符号,但是由于后面跟着个逗号,读者很可能理解成:平克顿小姐整席话都在"一字一顿"地大声喊叫。孙致礼认为,此句应该翻译成:"吉米玛小姐!"平克顿小姐一字一顿地大声嚷道。"你疯了吗?……"

我们认为,杨必的译文之所以导致孙致礼的疑问,恰恰是因为汉语逗号带来的连续性,这种连续性导致"一字一顿地大声嚷道"的修饰功能产生错位。

3.4　英汉语的冗余性特征与英汉翻译

英语的冗余就在于一些语法标记或者是虚词的使用(赵刚,2004)。不过,我们认为,英语语法标记和虚词都是界限标记,看似冗余,但与汉语比较而言,实则是英语语言文化的特性表现,即英语语言文化的界限性强而留下的标记。

汉语式冗余(实词重叠、反复)同样看似冗余,但其往往带有修辞意义,同样是汉语语言文化特性的表现,即是与汉语语言文化的界限性弱所对应的一种特征,如主观交融导致界限不清的特征。

因而,英汉翻译时使用汉语式的冗余表述来满足汉民族的审美需求是常见的一种做法(可参考王建国,2019)。例如下面的译文中都有大量的双音节词或四字格(包括成语):

(11) In London, he had expected neither to walk on pavements of

gold, nor to lie on beds of roses; if he had any such exalted expectation, he would not have prospered. (Charles Dickens: *A Tale of Two Cities*)

(a) 在伦敦，他既不指望<u>履金蹈玉</u>，也不期待<u>养尊处优</u>。如果他曾有过这种<u>非分之想</u>，他不可能在事业上有成就了。（宋兆霖译）

(b) 在伦敦，他既不希望走在金砖铺的地面上，也不想躺在玫瑰花铺的床榻上；如果他曾有<u>非分之想</u>，他就不可能<u>事业有成</u>。（张玲、张扬译）

(12) He would have thought it an awful nuisance and would at once have taken to his heels, like a wise fellow. (William Somerset Maugham: *Of Human Bondage*)

(a) 他会认为这是件令人头疼的麻烦事，立即像个聪明人一样，<u>逃之夭夭了</u>。（黄水乞译）

(b) 换作是他，一定会把这件事看得<u>无足轻重</u>，<u>拔腿就跑</u>，<u>开溜大吉</u>，离这摊棘手的麻烦事越远越好。（张乐译）

3.5 汉语的平面审美和英语的立体审美①

汉语少用虚词，连续性强，层次感弱，大量使用双音词、四字格等结构匀称的平衡结构。同时，大量使用话题链结构（以一个话题引导多个小句的结构），这些都导致汉语的审美表现出较强的平面性。**行云流水**正是对流畅汉语的写照。

英语主次分明，层次感强，表现出很强的立体感。因此英汉翻译时需要尽量消除这种层次感，使译文有行云流水之感。

3.5.1 少用虚词

(13) The room was long with windows on the right-hand side and a

---

① 汉英平面审美和立体审美之差异是与中西绘画、中西音乐之差异对应的。

door at the far end that went into the dressing room. (Ernest Hemingway: *A Farewell to Arms*)

(a) 我那病房很长，右首是一排窗，尽头处有一道门通包扎室。（林疑今译）

(b) 病房呈长方形，窗户都开在右侧，尽头处有一道门通往换药室。（方华文译）

英语界限性较强，表达多采用介词、连词这样的界限标记使句子主次分明、结构清晰。而汉语界限性较弱，较少使用甚至省略各种虚词。在本句中，原文使用了 with，on，at 等介词表达位置，体现了较强的逻辑性，而在译文当中则被替换为"是，有"和"呈，开，有"这样的动词表达句式，句子与句子之间没有显性的层次关系，由此增强了译文的流畅性。

3.5.2　使用四字格等平行结构

（14）Happily, an inhabitant of the kitchen made more despatch: a lusty dame, with tucked-up gown, bare arms, and fire-flushed cheeks, rushed into the midst of us flourishing a frying-pan: (Emily Brontë: *Wuthering Heights*)

(a) 幸亏厨房里有人快步走来：一个健壮的女人，她卷着衣裙，光着胳臂，两颊火红，挥舞着一个煎锅冲到我们中间。（杨苡译）

(b) 多亏得这时候从厨房里赶来了一个人——一个健壮的女人，两颊火红、袍子束起、光着两臂，挥舞着一只煎锅，冲到了我们中间来。（方平译）

3.5.3　使用话题链

简而言之，话题链就是话题引导的、由多个小句构成的系列。详细内容请参看第五章。此处仅以几个案例示之。例如：

(15) <u>He</u> did look at it and into it for half an hour, Ø was pleased with the situation and the principal rooms, Ø satisfied with what the owner said in its praise, and Ø took it immediately. (Jane Austen: *Pride and Prejudice*)

(a) <u>他</u>里里外外看了半个钟头,<u>地段和几间主要的房间</u>都很中他的意,加上房东又把那幢房子大大赞美了一番,<u>那番话</u>对他也是正中下怀,于是他就当场租了下来。(王科一译)

(b) <u>他</u>果真去了,Ø 用半个小时把里里外外看了个遍,Ø 对这里的位置和几间主房十分中意,又加上房主一番赞誉之辞,Ø 非常受用,Ø 立刻就将房子租了下来。(罗良功译)

例15 原文中主语为 he,并且后文都以零形式回指,话题连续性强。王科一的译文中,话题变动频繁,话题由"他"转为"地段和房间""房东""那番话",再转为"他";而罗良功的译文中,话题变动较少,整句话的话题基本上是"他",后文遵照原文使用了零形式回指,只在"又加上房主一番赞誉之辞"处话题有所岔开,但尽管话题发生转移,后文还是使用了零形式回指。王科一的译文,相对而言,不太符合汉语行文。

(16) And in spite of his asserting that her manners were not those of the fashionable world, he was caught by their easy playfulness. (Jane Austen: *Pride and Prejudice*)

(a) 虽然<u>他</u>嘴上一口咬定她缺少上流社会的翩翩风采,可是<u>她落落大方爱打趣的作风</u>,又把他迷住了。(王科一译)

(b) 尽管<u>他</u>一口咬定她缺乏上流社会的风度,可他又被她那大大落落的调皮劲儿所吸引。(孙致礼译)

(c) 尽管<u>他</u>曾断言说她的风度与上流社会格格不入,Ø 却被她落落大方活泼幽默的气质所倾倒。(罗良功译)

例16 原文中话题为 his asserting,后文为 he,两者为上下义关系。王科一的译文中,话题由"他",转为"她的作风",话题变动明显,不符合汉语话题链表达习惯。孙致礼的译文中，话题始终为"他"，并且后文用第三人称回指；而罗良功的译文中，话题为"他"，后文以零形式回指。总体而言，汉语话题链连续性强，平面性强，行文流畅，因而孙致礼和罗良功的译文较为可取。

要做到行云流水，有时需要添加汉语式的衔接词。例如"只见""只听到"等一些感官类的词或词组。第二章提到，汉民族的思维方式存在主客交融意识，添加感官类的词或词组，是把主客体交汇到一起的很好方式，同时也便于构建话题链。例如：

（17）As Danglars approached the disappointed lover, he cast on him a look of deep meaning, while Fernand, as he slowly paced behind the happy pair, who seemed, in their own unmixed content, to have entirely forgotten that such a being as himself existed, was pale and abstracted; occasionally, however, a deep flush would overspread his countenance, and a nervous contraction distort his features, while, with an agitated and restless gaze, he would glance in the direction of Marseilles, like one who either anticipated or foresaw some great and important event. (Alexandre Dumas: *The Count of Monte Cristo*)

腾格拉尔走近那个失恋的情人的时候，意味深长地看了他一眼。<u>只见</u>弗尔南多脸色苍白，神情茫然地慢慢跟在那对幸福的人后面，而面前那对满心欢喜的人却似乎已完全忘记了还有他这个人存在着。他的脸偶尔会突然涨得通红，神经质地抽搐一下，——焦急不安地朝马赛那个方向望一眼，好像在期待某种惊人的大事发生似的。①

（18）Suellen, behind her mother's back, wrinkled her nose triumphantly at Scarlett, who had been planning to beg the necklace for herself. Scarlett put out her tongue at her. Suellen was an annoying sister with her whining and selfishness, and had it not been for Ellen's restraining hand, Scarlett

---

① https://www.ddshu.net/2330_1098962.html

would frequently have boxed her ears. (Margaret Mitchell: *Gone with the Wind*)

（a）苏伦在她母亲背后向思嘉得意地耸了耸鼻子，因为做姐姐的正打算恳求戴那条项链呢。思嘉也无可奈何地对她吐吐舌头，苏伦是个喜欢抱怨而自私得叫人厌烦的妹妹，要不是爱伦管得严，思嘉不知会打她多少次耳光了。①

（b）苏伦站在妈妈背后，向思嘉得意地耸了耸鼻子。思嘉一直想要那条项链，此时也只能无可奈何地对她吐吐舌头，<u>谁叫自己</u>有个爱抱怨、又自私得叫人厌烦的妹妹呢，要不是爱伦管得严，思嘉不知会打她多少次耳光了。

例17增加感官词"只见"来构建话题链。例18b增加了"谁叫自己"。为了让结构达到平衡，汉语流水句中的小句往往不能太长，且往往还需要依赖框式结构②来固定，才能保持平衡。

（19）… that he was of an age now when emulation, the first principles of the Latin language, pugilistic exercises, and the society of his fellow-boys would be of the greatest benefit to the boy. (William Makepeace Thackeray: *Vanity Fair*)

……他说孩子长到这么大，应该上学校，<u>一则</u>能够培养竞争心，<u>二则</u>可以打下拉丁文的底子，<u>三则</u>有体育活动，<u>四则</u>有机会交朋友，对孩子的益处可大了。（杨必译）

孙致礼（1984）指出：本句的 when 从句中，主语由四个并列的名词构成，翻译时若如法炮制，不添词加字，译文不仅要失去连贯，还要失去平衡，读不上口，听不入耳。杨译在每个名词前添加一个动词，并

---

① https://www.233.com/yw/zdmz/20120423/112312590.html
② 邵敬敏（2008）把"框式结构"（frame construction）定义为：典型的框式结构，指前后有两个不连贯的词语相互照应，相互依存，形成一个框架式结构，具有特殊的语法意义和特定的语用功能，如果去除其中一个，主要是后面一个，该结构便会散架；使用起来，只要往空缺处填装合适的词语就可以了，这比起临时组合的短语结构具有某些特殊的优势。

以"一则……二则……"相串连，结构匀称，条理清晰，声调和谐，朗朗上口。

3.6　散焦与聚焦

"移步换景"很好地形容了汉语散焦的特点。例 20 中原文的焦点在 shipowner 身上，这表现在原文主句中的主语基本上是 shipowner，而译文中出现多个（主语）话题，出现了移步换景的散焦现象：

（20）<u>The shipowner</u>, smiling, followed him with his eyes until he saw him spring out on the quay and disappear in the midst of the throng, which from five o'clock in the morning until nine o'clock at night, swarms in the famous street of La Canebiere,—a street of which the modern Phocaeans are so proud that they say with all the gravity in the world, and with that accent which gives so much character to what is said, "If Paris had La Canebiere, Paris would be a second Marseilles."

On turning round <u>the owner</u> saw Danglars behind him, apparently awaiting orders, but in reality also watching the young sailor,—but there was a great difference in the expression of the two men who thus followed the movements of Edmond Dantes. (Alexandre Dumas: *The Count of Monte Cristo*)

<u>船主</u>微笑着目送着他，直到他上了岸，消失在卡纳比埃尔街上的人流里。<u>这条街</u>从清晨五点钟直到晚上九点钟都拥挤着川流不息的人群。<u>卡纳比埃尔街</u>是马赛最有名的街道，<u>马赛的居民</u>很以它为自豪，他们甚至煞有其事地庄重地宣称："假如巴黎也有一条卡纳比埃尔街，那巴黎就可称为小马赛了。"

<u>船主</u>转过身来时，看见腾格拉尔正站在他背后。<u>腾格拉尔</u>表面上看似在等候他的吩咐，实际上却像他一样，在用目光遥送那青年水手。<u>这两个人</u>虽然都在注视着爱德蒙·唐太斯，但两个人目光里的神情和

含义却大不相同。①

在我们看来，汉英构词：汉语复合为主，英语派生（以词根为中心）为主；汉英构句：汉语也是复合构造（沈家煊，2006），英语则主要是主从（以主句为中心）构建；汉英构篇：汉语重归纳，英语重演绎（以主题句为焦点）。换言之，从词到篇章，汉英所表现出的差异似乎都反映了汉语有散焦而英语有聚焦的特点。

3.7　汉语平面的音乐美和英语立体的音乐美

汉语中少用虚词，因为虚词无法形成对称和重叠，无法构成汉民族所喜爱的对称美和均衡美。同时，又因为汉语具有连续性，词类上，有些词是半虚半实的词，如代词（王力，1985）（吕叔湘和朱德熙[1952]把代词称为虚词，朱德熙（1982）个人又认为代词是实词），介词（又称副动词）等。

英语的节奏主要靠轻重来表示，即英语的词有轻读音节和重读音节之分，朗读起来形成轻重节奏。汉语由于大量使用实词，少用虚词和半虚词，使得汉语很难形成轻重节奏，实词之间轻重不够分明。是故，汉语节奏类型属于"音节定时"(syllable-timed)或"音节计数"(syllable counting)型（转自沈家煊、柯航，2014）。英语的节奏是重轻型的，而汉语的节奏是松紧型的（王洪君，2004；沈家煊、柯航，2014）。汉语的一段语流总是某两字或某三字的内部结合得比较紧，两字或三字组之间结合较松，由此而形成松紧交替的回复（王洪君，2004）。

语言的美，最明显见于诗歌之中。本节以诗歌翻译为例，以惠及其他文学性语言的翻译。

王东风（2014）指出，"历经一百多年的英诗汉译已经经历了三个发展阶段：即本土化阶段、自由化阶段和以顿代步阶段"。"但目前最明显的

---

① https://www.ddshu.net/2330_1098962.html

缺陷是原文由音步建构的节奏感没有在译文中体现出来"。由此,他(2014)提出"以逗代步"的翻译方法,主张用汉语的"二字逗"来对应在英语格律诗中占绝大多数的双声音步。

王东风(2014)以拜伦的名诗 *The Isles of Greece* 为例,指出,*The Isles of Greece* 的格律特征如下:节律为十六节,各节以空行间隔,没有编号;行律为每节六行,二四行缩行;音律为抑扬格;步律为四音步;韵律为ababcc。

(21) The Isles | of Greece |, the Isles | of Greece | !
　　　Where bur| ning Sa | ppho loved | and sung |,
　　　Where grew | the arts | of war | and peace |,
　　　Where De | los rose | , and Phoe | bus sprung | !
　　　Eter| nal su | mmer gilds | them yet |,
　　　But all |, except | their sun | , is set | .
　　　希腊群岛,希腊群岛!
　　　莎馥如火歌美情重,
　　　文治卓越兵法精妙,
　　　提洛昂立飞布神勇!
　　　长夏无尽群岛如曜,
　　　浮世沉堕残日高照。

王东风认为,既然中国古诗中的逗以二字逗为主,而绝大多数英语格律都是抑扬双声音步(disyllabic foot),因此,理论上讲,二字逗来对应原文的双声音步即"以逗代步"是可行的。王东风(2019)指出,"英汉格律诗的声律都是以双音节为主,两种语言对诗歌节奏的声调分类也都是二分制:英语是抑扬,汉语是平仄,虽然两种诗歌体系的声律体式有所不同,但对语音资源在诗学上的运用价值则有着共同的认识,因此从诗学功能上看,英汉两种语音资源是存在着翻译对应的理据。"据此,王东风以"平仄平仄平仄平仄"的模式翻译了第一节(见例21译文)。

（22）Place me on Sunium's marbled steep,
　　　Where nothing, save the waves and I,
　　　May hear our mutual murmurs sweep;
　　　There, swan-like, let me sing and die:
　　　A land of slaves shall ne'er be mine——
　　　Dash down yon cup of Samian wine!

(a) 让我登｜苏纽姆｜大理石｜悬崖｜,
　　那里｜就只有｜海浪｜与我｜听得见｜我们｜展开了｜对白｜;
　　让我们｜去歌唱｜而死亡｜,像天鹅｜:
　　奴隶国｜不能是｜我的｜家乡｜——
　　摔掉｜那一杯｜萨默斯｜佳酿｜!(卞之琳译)

(b) 置身｜苏庙｜玉阶｜之巅｜,
　　万物｜不存｜唯我｜与浪｜,
　　但听｜絮语｜喃喃｜耳边｜;
　　我效｜天鹅｜歌尽｜而亡｜;
　　奴隶｜之土｜不属｜我辈｜——
　　宁可｜砸碎｜萨幕｜酒杯｜!（王东风译）

王东风认为，如此翻译，兼顾了原文的节律、行律、步律以及韵律，也就更好地反映了诗歌的节奏。就节奏的理解，王东风（2019）指出，"节奏来自有规律的重复，音、形、意的重复均可构成节奏。但诗歌理论所论的节奏专指诗行中的节奏（rhythm），即诗行之中由音组为时间单位（time units）而形成的节奏组合。这种时间单位在英语中叫 foot（音步；另译 "音尺"），在汉语中主要有四种说法，即逗、音组、意组、顿。节奏位之间的关系规则性越强，节奏感就越强"。

我们认为，英汉翻译中的音乐美，需要强调英语和汉语节奏所带来的美，节奏影响到文学作品的民族特色，这主要反映在作品中的节律、快慢、时代特征以及意象特征等诸多方面。例如，诗歌，是诗，也是歌，诗歌具有歌的性质。中国音乐的线性与中国语言的"线性"与"发音"有直接关系（管建华，1985），这说明我们以音乐来参照诗歌及其翻译是有理据的。

管建华（1985）指出，中国音乐以"线性"为主要表现手段（与中国绘画、书法同），即中国音乐的主流。西方音乐相对来说则以多声（和声、复调、织体）为主要表现手段，倾向于"几何化""立体化"（与西洋绘画、雕塑同）。若说，中国音乐是线性的、平面化的，而西方音乐是多声的、立体化的，这与我们前面提及的汉英语言差异有着一致的关系。那么，我们在考虑了节律、行律、音律、步律、韵律以及节奏快慢之后，还需要了解这些音乐特征如何反映中国音乐特征的线性以及西方音乐特征的立体感。另外，除了考虑这些特征，还需要考虑是否还有其他形式也参与构建线性的汉语诗歌的线性平面音乐特征和英语诗歌的几何立体音乐特征。

首先，我们说说节奏快慢。我们认为，快慢节奏是各种语言最简单也是最普遍的特征。这种快慢节奏会通过语言形式表现出来。英语和汉语文学作品中，都存在节奏的快慢，并都会通过语言形式而表现出来。王东风的研究没有涉及这个方面。我们知道节奏快的歌曲，往往表示欢快、激动，节奏慢的歌曲，往往表示忧伤、深沉。歌曲，无论中外，无论古今，都同此理。因而，节奏的快慢是人类语言最基本的节奏，也是不同语言诗歌最基本的节奏。

例如：

（23）When you are old and grey and full of sleep,
　　　And nodding by the fire, take down this book,
　　　And slowly read, and dream of the soft look
　　　Your eyes had once, and of their shadows deep;
　　　(William Butler Yeats: *When You Are Old*)

（a）当你老了，白发苍苍，睡意蒙眬，
　　在炉前打盹，请取下这本诗篇，
　　慢慢吟诵，梦见你当年的双眼

那柔美的光芒与青幽的晕影;(飞白译)

(b) 当你老了,头发花白,睡意沉沉,
倦坐在炉边,取下这本书来,
慢慢读着,追梦当年的眼神
那柔美的神采与深幽的晕影。(冰心译)

(c) 当你渐渐地老了,头发一天一天地白了,睡意越来越浓了
你坐在炉火旁,打着盹,取下这本书来,
慢慢地读一读,想一想你当年的双眼
柔柔的眼神,深深的晕影。

原诗的格律是 abba,每行十个音节。上述三个译文都没有反映出来。译文 a 的四句均为 12 字节,有一定的节奏感,但原文中大量地使用 and,是一种非常规使用,表现出一种缓慢的节奏,勾勒出老年人舒缓的动作意象,三个译文中似乎只有译文 c 相对而言通过大量的词语重复得到一些再现。再如:

(24) O, my love is like red, red rose.
That's newly sprung in June;
My love is like the melodie,
That's sweetly played in tune.

(Robert Burns: *My Love Is Like A Red Red Rose*)

(a) 吾爱吾爱玫瑰红,六月初开韵晓风;
吾爱吾爱如管弦,其声悠扬而玲珑。(郭沫若译)

(b) 啊,我爱人像红红的玫瑰,在六月里苞放;
啊,我爱人像一支乐曲,乐声美妙、悠扬。(袁可嘉译)

译文 a 处理为七言诗,而译文 b 每句字数不相同,断句处理也与原文不同,显然译文 a 的形式更加对仗工整。当然,更重要的是,译文 a 的形式处理表现出了一种欢快的节奏,与原文相似,而译文 b,由于两行字数不等,缺乏对称感,同时,每行的字数还较多,拖缓了节奏,欢快感逊色

不少。再如：

(25) Two roads diverged in a yellow wood, (a)
And sorry I could not travel both (b)
And be one traveler, long I stood (a)
And looked down one as far as I could (a)
To where it bent in the undergrowth. (b)

Then took the other, as just as fair, (a)
And having perhaps the better claim, (b)
Because it was grassy and wanted wear; (a)
Though as for that the passing there (a)
Had worn them really about the same. (b)
(Robert Frost: *The Road Not Taken*)

(a) 深黄的林子里有两条岔开的路，
很遗憾，我，一个过路人，
没法同时踏上两条征途，
伫立好久，我向一条路远远望去，
直到它打弯，视线被灌木丛挡住。

于是我选了另一条，不比那条差，
也许我还能说出更好的理由，
因为它绿草茸茸，等待人去践踏——
其实讲到留下了来往的足迹，
两条路，说不上差别有多大。（方平译）

(b) 黄叶林中分出两条小路
可惜我无法同时涉足
作为旅者，我久久伫立

极目望向其中一条
路转处唯见林深草长
然后我望向另外一条
一样美丽，一样幽深
或许它更有魅力
只因芳草萋萋惹人爱
虽然在这两条路上
都曾有旅人的足迹（姜秋译）

(c) 黄色的树林里分出两条路，
可惜我不能同时去涉足，
我在那路口久久伫立，
我向着一条路极目望去，
直到它消失在丛林深处。

但我却选了另外一条路，
它荒草萋萋，十分幽寂，
显得更诱人、更美丽，
虽然在这两条小路上，
都很少留下旅人的足迹，
虽然那天清晨落叶满地，
两条路都未经脚印污染。（顾子欣译）

(d) 曲出两径，
殊难兼行，
游子静立，
极目而凝：
径末深处，
隐于野林。

吾踏别途,
应是两全,
林深草菁,
欲没其间,
恰似相同,
覆路足印。(李敖译)

The Road Not Taken 一诗是传统的抑扬格四音步,且每节的韵式为 abaab,对仗非常整齐。但四个译文都没有对译英文的抑扬格,也没有押上 abaab 的尾韵。相反,前三个译文的形式都非常自由,都使用了自由的现代诗歌形式,没有对仗,也没有平仄形式的变化,没有足够体现原诗歌的语言美。相比之下,译文 d 使用了四字诗的形式,但看似工整,实则不够严谨,也没有严格押韵。

就节奏而言,原文中多行使用了虚词性的界限标记词,尤其是 and 多次使用,一定程度上反映了原文节奏的舒缓,从而反映了作者选择时的心境。我们认为,该诗的翻译,需要使用相对较多的汉字,尤其是汉语重复的方式,反映这种节奏,从而营造出作者所描写的意境。相对而言,李敖的译文,由于用字少,节奏反而显得比较明快,没有很好地反映出原文的意境。

最后,我们再看看英语诗歌中所表现出的立体音乐感。英语的抑扬所表现出的轻重感,能较好地体现出立体的音乐感,而汉语的平仄则主要体现线性的平面音乐感。管建华(1985)指出,

> 中国诗句在节奏上无论平仄都是一字一音,仄声字也许比平声字短,但不见得比平声字轻,吟诗者并不一定都是一样的节奏,没有固定的重音、节奏观念。作为中国诗词一句中的"逗"(用在诗歌上,"逗"是指一句中间所包含的适于停顿的若干小的单位而言),"它并不管什么强音节、弱音节,无论一个字、两个字、三个字,都能形成一个小逗,只要意义上多少有些完整的地方,就可以前后分开看待……从对于诗歌节奏形式在发展中的影响而言:用逗,则节奏形式的发展可以

比较自由。"(《语言音乐学初探》杨荫浏）这种句式的节奏与重音的不定量，及可塑性给中国音乐带来很大影响，音乐节奏速度是按句式所表达的意思和情感的整体性进行的（中国诗不同于西洋诗，它一行就是一句，行末句完意亦尽），就像人在说话前的意识中先有一种主动"语像"，这是一种心理现象，这种"语像"就包含了语句的速度、情绪。"凡音之起，由人心生也。"我国音乐的速度节奏就带有这种主动创造性，所以一位古琴演奏家往往在第二次演奏同一乐曲时，节奏上就有出新的地方，因为他不是按"均分节奏"而动，而是按心灵的节奏。

综合起来，汉语诗句中的各个结构层次不分明，具有平面感；传统汉语诗歌中，中间很少断句，连续性强。汉语诗歌吟诵，靠读者心灵的节奏，主客意识交融在一起。而英语诗歌中，从句可成行，主句也可成行，主从句也可同行，构成了层次分明的立体感，形成主次旋律，形成和声，一行内可断可连，节奏随之而变。

我们认为，以上各个方面在理解和翻译英语诗歌的时候需要得到重视。例如：

(26) Out of the bosom of the Air,
　　　Out of the cloud-folds of her garments shaken,
　　　Over the woodlands brown and bare,
　　　Over the harvest-fields forsaken,
　　　Silent, and soft, and slow
　　　Descends the snow.
　　　(Henry Wadsworth Longfellow: *Snow-flakes*)

(a) 挣脱开大气的胸膛，
　　从它层叠的云裳里摇落，
　　在荒凉的、丰收后的田野上，
　　在一片林莽，棕黄而赤裸，
　　静静的，柔软的雪花

缓缓地朝地面落下。（查良铮译）

(b) 从漠漠长空的胸怀里逸出，
　　摆脱了天上云衣的层层叠叠，
　　向着枯黄而光秃的林木，
　　向着收割后的荒凉的田野，
　　无声，舒缓，柔和；
　　雪花飘落。（杨德豫译）

(c) 从天宇深处
　　从飘动着她那长袍的云层里，
　　漫过光秃秃的褐色林木，
　　漫过收获后废弃的田地，
　　悄悄，轻轻，缓缓，
　　飘下雪花一片。（卢卫中译）

刘全福（2018）指出这一节中出现的十种修辞特征[①]：

声音层面：

brown-bare; field-forsaken; silent-soft-slow-snow（头韵）

snow: silent, and soft, and slow（通感 synaesthesia）

词语层面：

her garments shaken（拟人 personification）

bosom; garments（扩展隐喻 extended metaphor）

out of, out of; over, over（重复）

句子层面：

Over the woodlands brown and bare, / Over the harvest-fields forsaken（平行结构 parallelism）

Out of the bosom of the Air, / Out of the cloud-folds of her garments shaken, / Over the woodlands brown and bare, /Over the harvest-fields forsaken（无一连词并列 asyndeton）

---

① 文学翻译研究——能力与意识 ppt，2018。

Silent, and soft, and slow（连词重复并列 polysyndeton）
Descends the snow.（倒装 inversion）

篇章层面：

Out of the bosom of the Air…/Descends the snow.（递进 climax）

其实，从声音的角度来看，明显有关的修辞现象如押头韵、尾韵（元音押韵，辅音押韵，元音+辅音混合押韵），使用大量的双元音词；还有，句子层面使用重复、平行结构，突显了主旋律，而无一连词并列则加快了节奏，连词重复并列则舒缓了节奏等。这些与声音相关的效果，交织起来，就如西方的交响乐，烘托出一种舒缓的气氛。同时整个小节由一个句子分割而成，更加映衬出舒缓的感觉。

上面几个译文，每个译者都一定程度上使用了结构重复、叠音词来反映原文中的押韵。就节奏快慢而言，一定程度上，每个译文都通过结构重复、声音重复来体现，只是各有程度大小和特色不同。

Out of, over 等引导的介词结构的使用烘托出断续的画面以及舒缓的节奏，符合英语语言界限性强的特点。查译在更多的角度反映了原译的特点，而杨译和卢译通过使用"向着"和"漫过"加强了连续性，反映出汉语的特点。shaken, forsaken, brown and bare 作为修饰语，被后置，以及 silent, and soft, and slow 作为 snow 的修饰语，被隔开前置，这两种现象在三个译文中都在某种程度上具有常规化特征，同样加强了汉语的连续性特点。另外，silent, and soft, and slow，其中有两个 and，而 and 有着界限功能，形成了慢节奏，但三个译文的翻译也倾向于使用常规汉语，似乎对慢节奏反映不够充分。

要翻译出原文这种立体的声音美，显然非常困难，因为汉语本身就是线性的音乐美，若把英语中层次分明的声音美翻译出来，就需要使用界限性强的结构以及虚词等具有界限标记功能的词，而这些方法并不符合汉民族的审美方式，一般的汉语读者就像不容易欣赏交响乐一样无法感受到原文的立体音乐美。

当然，本诗中使用了不少长元音，也体现了节奏舒缓的感觉，这也同样需要译者加以考虑，汉语中使用双声重叠是一种不错的选择。

3.8 小结

　　这章的内容与上一章内容相比，有不少雷同之处，只是阐述的角度存在差异。这说明思维方式差异与审美方式差异对翻译的影响是相似的。英汉思维方式差异与审美方式差异具有一致性。

第四章　英汉翻译的扩展策略

传统认为，宏观上，汉语思维方式主客交融，英语主客两分；汉语审美方式是模糊，英语是精确；微观上，汉语语言具有连续性，英语具有离散性。这些差异统一地表现在：汉语的界限性弱，英语的界限性强。王建国、何自然（2014）指出，语用上汉语重过程，英语重结果。过程是连续的，结果是离散性。王建国和何自然的这个发现，在中观上填补了汉英差异，凸显了汉英差异在宏观、中观和微观上的一致性。

王建国、何自然的观点对英汉翻译有重要的启示。由于过程相对结果而言是扩展的，结果相对过程而言是压缩的，王建国（2019）指出汉英翻译策略是压缩的，那么，我们可以认为英汉翻译策略是扩展的。扩展表现在显化原文中的语义、扩大原文的想象空间，语言表述更具有连续性。

4.1　扩展的原因

所谓的扩展是指统一性表现在以下几个方面为界限性变弱、界限意识更加模糊：

（1）认知语义层面：想象空间可能增大，语义可能更加模糊，具象性可能增强，主观性、主体性可能增强；

（2）结构形式层面：结构之间的界限变弱、平面性增强，连续性增强；

（3）语用修辞层面：过程性可能增强，修辞性可能增强。

（1）和（3）是具有很大的可能性，（2）几乎是必然性。造成英汉翻译需要扩展的原因包括以下几个方面：认知、思维方式、审美以及语言之间存在差异。

4.1.1　思维方式存在差异

首先，英语个体意识、时空意识强，汉语个体意识、时空意识弱。意识强的，具有离散性（即强界限性），意识弱的，具有连续性；离散性强的，相对断续性强，呈压缩状态，反之，呈扩展状态。

其次，英民族主体和客体意识两分，具有离散性，而汉民族主体意识和客体意识不分，具有连续性。同理，汉民族思维方式具有扩展性。

再次，汉民族往往讲究具象思维，英民族更讲究抽象思维。具象往往需要压缩才能形成抽象，反之，抽象经过扩展就可能形成具象。

4.1.2　审美方式存在差异

英民族讲究立体审美，汉民族讲究平面审美；
英语讲究聚焦审美，汉语讲究散焦审美；
英语讲究精确和精练审美，汉语讲究精练和模糊审美；
英语具有层次性强的重轻型节奏审美，汉民族强调平面感更强的松紧型节奏审美。

这些都反映了英民族审美意识中有很强的离散性，而汉民族的审美意识中，有很强的连续性。

4.1.1 和 4.1.2 在前文已有案例分析，本章重点讨论一下语用方式差异如何影响英汉翻译的扩展。

4.1.3 语言结构存在差异

在语法上，吕叔湘（1979）指出，汉语具有连续性，而英语具有离散性。这主要是指汉语各种结构之间容易出现模糊状态，例如，词和词组，词组和小句等。汉英在结构上的差异，与汉英思维方式、审美方式、语用方式等方面的差异呈现出一致性。

考虑到汉语是语用性的语言（刘丹青，1995），离开语用，汉语无法探讨语法（沈家煊，2012），我们认为，相对而言，汉语的使用也处处都有连续性。因而，英汉翻译使用扩展策略也几乎是必然的。只是采取扩展策略的程度必须与语境相适应而已。

4.1.4 语用方式存在差异

事实上，我们最初提出英汉翻译需要扩展策略，就是来自对汉英语用差异的发现：汉语重过程，英语重结果。过程相对结果是扩展的，结果相对过程是压缩的。根据语用差异来提出翻译策略，也非常符合翻译特点：任何翻译行为都是语用的（Levy, 1967）。

4.2 扩展策略

思维方式、审美方式和语用方式以及语言形式转换都是必然的，也都会表现出扩展特征。只是语境不同，会出现差异而已。

在具体语境的翻译实践中，这些扩展以及扩展程度的差异具有可选择性。这些选择性，往往通过选择一定的形式表达而体现出来。

扩展策略中最重要的方法就是显化原文中的某个语义成分。其次是添加某个语义成分，再次是删除某个语义成分。当然，也可能存在隐含某个语义成分这种看似与扩展完全相反的方法。翻译是翻译意义（Nida, 1982），因而任何翻译策略都是基于意义的。这里提到的扩展策略都不同于传统上基于形式做判断的策略。

添加是指原文不存在的意义被添加。例 1 中,"只见"添加了主体视角,强化了平面审美。

(1) Whatever may have been his incentive, however, up he sprang, and screamed out, "Hold off, Cuff; don't bully that child any more; or I'll——" (William Makepeace Thackeray: *Vanity Fair*)

(a) 且不管都宾的动机是什么,<u>只见他一跃而起</u>,尖声叫道:"住手!你再欺负小孩儿,我就……"(杨必译)

(b) 不管他出于何种动机,反正他蹦了起来,尖声喊道:"……"。(荣如德译)

根据我们的观察,英汉翻译中明显显示汉语重过程的现象有下面几类。

4.2.1　过程句直接取代结果句

(2) Ellen O'Hara was thirty-two years old, and, according to the standards of her day, she was a middle-aged woman, one who had borne six children and <u>buried three</u>. (Margaret Mitchell: *Gone with the Wind*)

爱伦·奥哈拉现年 32 岁,依当时的标准已是个中年妇人,她生有六个孩子,但<u>其中三个已经夭折</u>。①

例 2 中,画线部分若翻译成"埋了三个",对汉语读者来说非常难以接受,试想有谁会埋了自己的孩子。

(3) When the young man on board saw this person approach, he left his station by the pilot, and, <u>hat in hand</u>, leaned over the ship's bulwarks. (Alexandre Dumas: *The Count of Monte Cristo*)

---

① https://www.233.com/yw/zdmz/20120423/112312590.html

大船上的那个青年看见了来人，<u>就摘下帽子</u>，从领港员身旁离开并来到了船边。①

例 3 中，hat in hand 隐含了他摘下帽子的过程，原文只表述了 hat in hand 的结果状态，而译文只表述了导致这个结果状态的过程。

4.2.2　去抽象化

去抽象化是指由抽象意义转换为具象意义，由此一些相关抽象词的词义被隐含化。

（4）The subject elevated him to more than usual solemnity of manner, and with a most important aspect he protested that he had never in his life witnessed such <u>behaviour</u> in a person of rank——such affability and condescension, as he had himself experienced from Lady Catherine. (Jane Austen: *Pride and Prejudice*)

他一谈起这个问题，态度变得异常严肃，只见他带着极其自负的神气说，他生平从没看到过任何有地位的人 Ø，能像凯瑟琳夫人那样和蔼可亲，那样体恤下情。（孙致礼译）

该例中的 behaviour 是范畴词，译者没有对译出来。若对译出来"他从来没有看到过在有地位的人身上表现出这样的行为：能像凯瑟琳夫人那样和蔼可亲，那样体恤下情"，反而在一定程度上破坏了原译中的流畅性。同时，原译没有对译"这样的行为"，少了定性的抽象，多了感性的具象，扩展了认知空间。

4.2.3　去界限标记

界限标记一般是虚词或语法标记，其意义往往是引导理解的程序意义

---

① https://www.ddshu.net/2330_1098962.html

（procedural meaning），去除界限标记，其实就是消除程序意义。

删除，指原文存在的意义被删除。例如：

(5) <u>On</u> an evening <u>in</u> the latter part of May a middle-aged man was walking homeward from Shaston to the village of Marlott, in the adjoining Vale of Blakemore or Blackmoor. <u>The pair of legs that carried him were rickety, and there was a bias in his gait which inclined him somewhat to the left of a straight line.</u> He occasionally gave a smart nod, <u>as if</u> in confirmation of some opinion, <u>though</u> he was not thinking of anything in particular. An empty egg-basket was slung upon his arm, the nap of his hat was ruffled, a patch being quite worn away at its brim <u>where</u> his thumb came in taking it off. Presently he was met by an elderly parson astride on a gray mare, <u>who</u>, as he rode, hummed a wandering tune. (Tomes Hardy: *Tess of the D'Urbervilles*)

五月下旬的一个傍晚，一个中年男子正从沙斯顿向靠近布莱克莫尔谷（也叫黑荒原谷）的马洛特村里的家中走去。<u>他走路的一双腿摇摇晃晃的，走路的姿态不能保持一条直线，老是朝左边歪着。</u>他偶尔还轻快地点一下头，仿佛对某个意见表示同意，其实他心里一点儿也没有想到什么特别的事。<u>他的胳膊上挎着一只装鸡蛋的空篮子，</u>头上戴的帽子的绒面皱皱巴巴的，摘帽子时大拇指接触帽檐的地方也被磨旧了一大块。不一会儿，一个骑着一匹灰色母马一边随口哼着小调的老牧师迎面走来——（王忠祥、聂珍钊译）

原文中有大量的界限标记，这些词若消除，就能削弱原文中强烈的个体意识，认知界限被模糊化，例如定语从句的关系词若删除，主次关系就只能靠读者理解，但往往能增加汉语的流畅性和平面美感。

该译文删除了大量的界限标记，例如一些连词和一些介词，但同时也保留了一些界限标记，显得不够流畅、不够精练。例如，两处画线部分可以改成：他走起路来摇摇晃晃，姿态总不能保持一条直线；胳膊上挎着……，帽子的绒面……

4.2.4 显化导致结果的过程

(6) ...held my nose close over the smoke of it. (Daniel Defoe: *Robinson Crusoe*)

(a) 把鼻子凑上去闻烟叶烧烤出来的烟味。(郭建中译)

(b) 把鼻子凑到它的烟子上。(徐霞村译)

原文是指"我把鼻子放到离烟很近的上方",表述的是一种结果性的状态。但两个译文都把这个结果性的状态扩展开,往发生这个结果的过程方向进行了推后表述:先凑上去。不同的是,郭译扩展程度更高,还显化了凑到烟上的原因,看起来更为合理。

同样,例 7、8、9 中,英语原文中的画线部分在译文中都有明显的过程显化:

(7) At <u>these last sounds</u>, the twins realized it was time they were starting home. But they <u>were loath</u> to face their mother and they lingered on the porch of Tara, momentarily expecting Scarlett to <u>give them an invitation to supper</u>. (Margaret Mitchell: *Gone with the Wind*)

<u>听到</u>这些声响,这对孪生兄弟知道他们该动身回家了。但是他们<u>不想</u>回去见母亲的面,便在塔拉农场的走廊里徘徊,盼望着思嘉邀请他们<u>留下来吃晚饭</u>。①

(8) "Come, come, cheer up, my dear father! 'Tis I—really I! They say joy never hurts, and so I came to you without any warning. Come now, do smile, instead of looking at me so solemnly. <u>Here I am back again</u>, and we are going to be happy." (Alexandre Dumas: *The Count of Monte Cristo*)

"高兴点,亲爱的父亲!是我——真的是我!人们都说高兴绝不

---

① http://www.sohu.com/a/226342508_523116

会有伤身体的，所以我就偷偷地溜了进来。嗨！对我笑笑，不要拿这种疑惑的眼光看我呀。<u>是我回来啦</u>，我们现在要过快活的日子了。"①

（9）Seated with Stuart and Brent Tarleton in the cool shade of the porch of Tara, her father's plantation, that bright April afternoon of 1861, she made a pretty picture.<u> Her new green flowered-muslin dress</u> spread its twelve yards of billowing material over her hoops and exactly matched the flat-heeled green morocco slippers her father had recently brought her from Atlanta. (Margaret Mitchell: *Gone with the Wind*)

1861年四月一个晴朗的下午，思嘉同塔尔顿家的孪生兄弟斯图尔特和布伦特坐在她父亲的塔拉农场阴凉的走廊里，她的美貌显得更明媚如画了。<u>她穿一件新绿花布衣裳</u>，长长的裙子在裙箍上舒展着，配上她父亲从亚特兰大给她带来的新绿羊皮便鞋，显得很相称。（戴侃、李野光译）

4.3 显化方法

显化是指原文隐含的意义被译者通过语言形式而显性地表述出来，是英汉翻译扩展策略中最重要的翻译方法。不过，这种方法是通过翻译实践最终产品描写出来的，很多时候并不是译者的有意行为所致。例如：

（10）A black servant, who reposed on the box beside the fat coachman, uncurled his bandy <u>legs</u> as soon as the equipage drew up opposite Miss Pinkerton's shining brass plate, and as he <u>pulled the bell</u> at least a score of young heads were seen peering out of the narrow windows of the stately old brick house. (William Makepeace Thackeray: *Vanity Fair*)

胖子车夫的旁边坐着一个当差的黑人，马车在女学堂发光的铜牌子前面一停下来，他就伸开<u>一双罗圈腿</u>，<u>走下来按铃</u>。这所气象森严

---
① https://www.ddshu.net/2330_1098963.html

的旧房子是砖砌的，窗口很窄，黑人一按铃，就有二十来个小姑娘从窗口探出头来。（杨必译）

(11) The curtain will be up presently, and he will be turning over head and heels, and <u>crying</u>, "How are you?" (William Makepeace Thackeray: *Vanity Fair*)

不久开场做戏，汤姆又会出来连连翻斤斗，<u>嘴里叫唤</u>着说："您好哇？"（杨必译）

例 10 中"一双"显化了 legs 所含的量，"走下来"是 pulled the bell 的必然过程；例 11 中"嘴里"显化了 crying 即"叫唤"的工具。

可能显化的语义要素包括一个事件中可能存在的任何语义成分，例如：

1) 施动者（身份、职业、性别、社会关系、家庭关系、品质、状态、形状）

2) 受动者（身份、职业、性别、社会关系、家庭关系、品质、状态、形状）

3) 动作（工具、方式、原因、目的、时间、地点）

下面各种类型的例证分析更加注重分析较为显著的显化，但考虑到每个例证中都可能包含多种显化，因而每种类型的例证分析并不仅限于标题所示的一种。

4.3.1 施动者

(12) <u>An invitation to dinner was soon afterwards dispatched</u>; and already had Mrs. Bennet planned the course that were to do credit to her housekeeping, when an answer arrived which deferred it all. (Jane Austen: *Pride and Prejudice*)

(a) 过了不久，<u>贝内特先生</u>便发出请帖，请宾利先生来家里吃饭。贝内特太太早已计划了几道菜，好借机炫耀一下她的当家本领，不料一封回信把事情给推迟了。（辛慧译）

(b) 请宾利先生吃饭的请帖很快就发出去了。贝纳特太太决定做几个拿手好菜，好显示一下自己持家的本领。但事情太不巧了，宾利先生的回信让整个宴请的事情只好推迟了。（孙致礼译）

例 12 中的画线部分为被动句，译文 a 显化了"贝内特先生"这个发出请帖的施动者。译文 b 没有显化施动者，只是比原文多了主体视角，即某某人请宾利先生吃饭。

两个译者其实都是根据"邀请被发出去"这个结果而回溯过程的方法做出了以上译文。再如：

(13) Prince required but <u>slight attention</u>, lacking energy for superfluous movements of any sort.The mute procession past her shoulders of trees and hedges became attached to fantastic scenes outside reality. (Tomes Hardy: *Tess of the D'Urbervilles*)

(a) 王子并不需要照顾，因为它并没有力气做什么多余的动作。树木、树篱从她肩旁无声地掠过，似乎是现实以外的另一个神奇领域的事物。（孙法理译）

(b) 王子只拉车就够它办的了，一点儿也没有多余的精力，做任何别的活动，所以竟不大用着人来管。从她肩旁一行行过去的树木和树篱，不言不语，不声不响，好像是属于现实以外的离奇景象。（张谷若译）

例 13 中，原文 slight attention，两位译者都不约而同译成不需要被照顾、看管的意思，体现施动者的存在，从施动者角度进行了扩展。

4.3.2　受动者

(14) And for my part I believe that remorse is <u>the least active</u> of all a man's moral senses—the very easiest to be <u>deadened</u> when <u>wakened</u>, and in some never <u>wakened</u> at all. (William Makepeace Thackeray: *Vanity Fair*)

(a) 照我看来，一个人的良心<u>难得责备自己</u>，即使<u>心上有过不去的感觉</u>，也就一下子<u>给自己蒙混过去了</u>。还有些人，根本一辈子没有<u>受过良心的责备</u>。（杨必译）

(b) 在我看来，悔恨是一个人的道德观念中<u>最不活跃的东西</u>，一经<u>唤醒</u>，又立刻<u>麻痹过去了</u>，在有些人心里，悔恨从来没有<u>醒来过</u>。（彭长江译）

例 14 中，在翻译 the least active 时，杨必增加了受动者"自己"，译为"难得责备自己"，而彭长江按字面意思翻译为"最不活跃的东西"；第一处 waken，杨必译为"心上有过不去的感觉"，增加了受动者"心上"，彭长江对译为"唤醒"；对于 deaden，杨必译为"给自己蒙混过去了"，增加了施动者"自己"，彭长江译为"麻痹过去了"；对于第二处 waken，杨必译为"受过良心的责备"，增加了施动者"良心"，彭长江对译为"醒来过"。总体而言，杨必的译文扩展程度高，译文流畅。

4.3.3　受动者状态

（15) Dobbin was very soft-hearted. <u>The sight</u> of women and children in pain always used to <u>melt</u> him. <u>The idea</u> of Amelia broken-hearted and lonely tore that good-natured soul with anguish. And he broke out into an emotion, which anybody who likes may consider unmanly. (William Makepeace Thackeray: *Vanity Fair*)

(a) 都宾心肠最软，每逢<u>看见女人和孩子受苦</u>，<u>就会流眼泪</u>。这忠厚的人儿<u>想到爱米丽亚又寂寞又悲伤</u>，扎心的难受，<u>忍不住哭起来</u>。倘若你要笑他没有丈夫气概，也只得由你了。（杨必译）

(b) 杜宾心肠非常软，<u>看见女人孩子遭受痛苦</u>，<u>他心里就决定老大不忍</u>。<u>想到阿米丽亚伤心寂寞的情景</u>，这好心的人就觉得心如刀绞般痛。<u>他忍不住痛苦起来</u>。谁想笑他缺乏男子汉气概，那就笑吧。（彭长江译）

例 15 中的动词 melt 本意为"使感动",两位译者分别将其译为"就会流眼泪"和"他心里就决定老大不忍",对 him 这个受动者的状态进行了不同程度的扩展,原文变得更加流畅自然。

同时,sight 和 idea 表状态,都被翻译为"看见""想到",都是施动者动作的扩展。

4.3.4　动作状态

(16) With Bewick on my knee, I was then happy: happy at least in my way. I feared nothing but interruption, and that came too soon. The breakfast-room door opened. (Charlotte Brontë: *Jane Eyre*)

(a) 我膝盖上放着比维克的书,那忽儿真是快活,至少我有我的快活之处。我什么也不怕,就怕别人来打扰,偏偏就有人过早地来打扰了我。早餐室的门给打开了。(祝庆英译)

(b) 当我膝头上摊开着彪依克的书的那一会儿,我觉得很快乐,至少是自得其乐。我只担心别人来打搅,可它却偏来得很快。早餐室的门一下打开了。(吴钧燮译)

介词 on 表示的是书放在膝盖上的状态,译文 a 扩展为"放着",译文 b 则译为"摊开着",显然译文 b 通过动词扩展更生动准确地写出了主人公看书时放松愉悦的状态。原文中 The breakfast-room door opened,承接上文提到的怕别人打扰,却偏偏有人来打扰,因此译文 b 中"一下"二字补充得十分恰当,表现出打扰来得十分突然。由本例可见,通过对状态方式的扩展,可以使译文更为生动。再如:

(17) Scarlett heard Mammy's lumbering tread shaking the floor of the hall and she hastily untucked her foot and tried to rearrange her face in more placid lines. (Margaret Mitchell: *Gone with the Wind*)

(a) 思嘉听见嬷嬷的脚步笨重地在堂屋里把地板踩得嘎嘎响,便迅速将盘着的那条腿伸下来,并设法放松脸部的表情,尽量显得平静

一些。(戴侃、李野光译)

(b) 这时思嘉听见嬷嬷的沉重脚步在穿堂里<u>踩得咯咯响</u>，便把那条盘着的腿急忙伸下来，并且勉强把面容装得平静些。(傅东华译)

例 17 中 lumbering tread，两个译本均添加了拟声词，显化了动作方式，如译文 a 的"踩得嘎嘎响"和译文 b "踩得咯咯响"，更符合汉语的特点。

4.3.5 动作方式

(18) When the twins left Scarlett standing on the porch of Tara and the last sound of flying hooves had died away, she went back to her chair like a sleepwalker. (Margaret Mitchell: *Gone with the Wind*)

(a) 思嘉站在塔拉农场的走廊<u>上目送</u>那对孪生兄弟离开，直到飞跑的马蹄声已隐隐消失，她才如梦游似地回到椅子上去。(戴侃、李野光译)

(b) 那双胞胎兄弟走时，思嘉站在走廊<u>上送他们</u>，直到马蹄声消失，她方才像梦游人似的回到她的椅子上。(傅东华译)

(19) An episode of humour or kindness touches and amuses him here and there—a pretty child <u>looking at</u> a gingerbread stall; a pretty girl blushing whilst her lover talks to her and chooses her fairing; ... (William Makepeace Thackeray: *Vanity Fair*)

(a) 他不时地会碰上一两件事，或是幽默得逗人发笑，或是显得出人心忠厚的一面，使人感动。这儿有一个漂亮的孩子<u>眼巴巴地瞧</u>着卖姜汁面包的摊儿；那儿有一个漂亮的姑娘，脸红红的听她的爱人说话，瞧他给自己挑礼物。(杨必译)

(b) 他会偶尔碰上一件幽默的事，令人好笑，或是一件善事，令人感动。比如一个俊小孩，<u>眼望</u>着姜汁面包摊，或是一个俏姑娘，红着脸听情人边跟她说话边给她买礼物。(彭长江译)

例 18 中，a、b 两个译文均对 looking at 进行了扩展，显化了斯嘉丽的动作，如译文 a 补充了"目送"，译文 b 补充"送他们"这个动作，都属于对动作方式进行扩展。

例 19 中，译者分别将 looking at 译为"眼巴巴地瞧着"和"眼望着"，都进行了一定的扩展。译文 a 对原文在方式上进行了扩展，译为"眼巴巴地瞧着"，更加体现了小孩对摊儿上的商品的渴望。译文 b 中的"眼望着"扩展了动作工具"眼"。

4.3.6 施动者动作

(20) She resolved in any case not to spend her last two mornings with the other ones…<u>The matter was solved for her</u>. The McKiscos were not yet there and… (F. Scott Fitzgerald: *Tender is the Night*)

她决定无论如何都不跟另外那伙人一起度过最后两天的上午……<u>她用不着为这件事操心</u>，麦基斯克夫妇还没有来到海滩。（主万、叶尊译）

原文 The matter was solved for her 这句话，以客观事物 matter 作主语，从客观的角度说明了罗斯玛丽所担心的事不会发生了这个结果，即麦基斯克夫妇没有来海滩，她便不用和他们度过上午了。但是译文中对这件事的描述进行了回溯，从客观的结果描述退回到了主观的过程描述："她用不着为这件事操心"，从主观的罗斯玛丽的角度，对罗斯玛丽操心这件事的过程进行了描述。显化施动者，同时也显化了施动者的动作。

4.3.7 受动者动作

(21) Despite a succession of governesses and two years at the nearby Fayetteville Female Academy, her education was sketchy, but no girl in the County danced more gracefully than she. (Margaret Mitchell: *Gone with the Wind*)

尽管接连请了几位家庭女教师，又在附近的费耶特维尔女子学校<u>念了</u>两年书，她<u>受</u>的教育仍是不怎么完全的，不过在跳舞这一门上却是全县最出色的一位姑娘，真是舞姿优雅，美妙无比。（戴侃、李野光译）

her education 是她受到教育，"她"是受动者。"念了""受"都显化了受动者"她"的动作。

4.3.8　动作地点

(22) Cranly <u>led</u> me to get rich quick, hunting his winners among the mud splashed brakes, amid the bawls of bookies on their pitches and reek of the canteen, over the motley slush. (James Joyce: *Ulysses*)

为了及早发上一笔财，克兰利曾把我<u>领到这里</u>来。我们在溅满泥点子的大型四轮游览马车之间，在各据一方的赛马赌博经纪人那大声吆唤和饮食摊的强烈气味中，在色彩斑驳的烂泥上穿来穿去，寻找可能获胜的马匹。（萧乾、文洁若译）

"领到这里"显化了 led 的地点。

4.3.9　性质

(23) We were <u>apart</u> as when someone comes into a room and people are self-conscious. (Ernest Hemingway: *A Farewell to Arms*)

(a) 我们<u>中间有了距离</u>，仿佛有个第三者闯进了房间，彼此都觉得怪不自然。（林疑今译）

(b) 我们<u>中间隔了一段距离</u>，就好像病房里来了个不速之客似的，彼此都觉得怪不自然。（方华文译）

原文中 apart 表示出"我们"的内心是"分离的"，中文的译本将

apart 处理为"中间有了距离"和"中间隔了一段距离",两个译本都显化了"分离"这一状态的性质。

4.3.10 动作工具

(24) He <u>could not help seeing</u> that you were about five times as pretty as every other women in the room. (Jane Austen: *Pride and Prejudice*)

(a) 你比起舞场里的任何一位小姐都要漂亮得不知多少倍,<u>他长了眼睛自然会看得出</u>。(王科一译)

(b) 你比舞场上的任何一位女宾都漂亮几倍,<u>他还会有眼看不出来</u>?(张经浩译)

原文 could not help seeing 描写的是宾利先生对简的美貌的认可。译文 a 将其扩展为"他长了眼睛自然会看得出",而译文 b 扩展为"他还会有眼看不出来?"的反问句式,从反面加强了语气。两个译文都显化了"看"这个动作的工具"眼睛"。

4.3.11 动作方位

(25) The moon had been up for a long time but he slept on and the fish <u>pulled on</u> steadily and the boat moved into the tunnel of clouds. (Ernest Hemingway: *The Old Man and the Sea*)

(a) 月亮上来很久,他还是睡不醒。那条大鱼平稳地<u>往前拖着</u>,把船拖进云涡里去了。(海观译)

(b) 月亮升起有好久了,可他只顾睡着,那鱼平稳地<u>向前拖着</u>,船驶进云彩的峡谷。(吴劳译)

pull 在英文中是"拖"的意思,译文 a 将其翻译成"往前拖着",译文 b 中,pull 被翻译成"向前拖着",两位译者都不约而同地增加了表示方向的副词来修饰动词,使译文更加流畅,并且可以与下文的"把船拖进"和"船驶进"自然衔接。这体现了在英译汉过程中动作方位的扩展。

4.3.12 目的

(26) "I will do it. He is a kind man. I will do it or go into the convent at Charleston." (Margaret Mitchell: *Gone with the Wind*)

"我非这样不可,他是个好心人。我要这样办,或者到查尔斯顿的修道院里去当修女。"(戴侃、李野光译)

译文中"去当修女"是译者根据原文上下文扩展的目的要素。有了此处扩展,译文更加符合中文的行文,流畅度更高。

4.3.13 地点

(27) and Elizabeth remained with no very cordial feelings towards him. (Jane Austen: *Pride and Prejudice*)

(a) 伊丽莎白依旧坐在那里,对达西先生委实没有甚好感。(王科一译)

(b) 伊丽莎白依旧坐在那里,对他着实没有什么好感。(孙致礼译)

(c) 伊丽莎白仍坐在那里,她原先对达西尚心存亲切和热情,此刻荡然无存。(罗良功译)

原文中谓语动词只有一个 remained,施动者是 Elizabeth。若字面对译的话,逻辑不通,意思表达含糊,三个译者都对施动者此时的这一状态进行了扩展,译成"依旧坐在那里"或"仍坐在那里",使意思表达得更加清楚明确。

4.3.14 时间

(28) At this time of summer evening, the cows are trooping down from the hills, lowing and with their bells tinkling, to the old town, with its old moats, and gates, and spires, and chestnut-trees, <u>with</u> long blue shadows stretching over the grass; the sky and the river below flame in crimson and gold; and the moon is already out, looking pale towards the sunset. (William Makepeace Thackeray: *Vanity Fair*)

每年到夏天这时分,傍晚的时候,一群群的母牛从小山上下来,哞哞地叫唤着,脖子上的小铃儿叮叮当当地响,都回到这古城里面来。那儿有古色古香的城河、城门、尖塔和栗树,<u>日落时分</u>,长长的深蓝的影子落在草地上。天上河里都是一片亮晃晃的金红色。月亮已经升起了,淡淡的庞儿恰好和落日相对。(杨必译)

画线部分的 with 结构,杨译根据情境显化了个时间状语"日落时分",使得译文更具美感,且时序分明。

4.3.15 品质

(29) In her face were <u>too sharply blended</u> the <u>delicate</u> features of her mother, a Coast aristocrat of French descent, and the <u>heavy</u> ones of her <u>florid</u> Irish father. (Margaret Mitchell: *Gone with the Wind*)

(a) 原来这位小姐脸上显然混杂着两种特质:一种是母亲给她的<u>娇柔</u>,一种是父亲给她的<u>豪爽</u>。因为她母亲是个法兰西血统的海滨贵族,父亲是个<u>皮色深浓</u>的爱尔兰人,<u>所以遗传给她的质地难免不调和</u>。(傅东华译)

(b) 在这位小姐的脸上显露着混血儿的两种物质:一种是其母亲传给她的<u>娇柔</u>,一种是父亲赋予她的<u>豪爽</u>。这缘于其母是法兰西血统的海滨贵族,父亲是一位<u>皮肤黝深</u>的爱尔兰人,<u>因此遗传给她的质地</u>

未免有些欠协调。(简宗译)

两个译文用"娇柔"和"豪爽"来对译 delicate 和 heavy，有修辞意义的添加，通过更加具象化的意象而显化了她的品质。另外，对 too sharply blended 的两个译文，译者也通过使用"遗传给她的质地"而显化了她的品质。

4.3.16 动作对象和次数

(30) He jumped up and bowed and I went with him into the side room and paid the bill for the room. (Ernest Hemingway: *A Farewell to Arms*)

(a) 他跳起身来，鞠了个躬，我就跟着他走进一间小房间，付清了房钱。(林疑今译)

(b) 他跳起来并鞠了个躬，我和他走进那间边房付了房费。(汤永宽译)

对于原文 jumped up 和 bowed 这两个动作，两个译本都进行了不同程度的扩展。译本 a 扩展为"跳起身来"和"鞠了个躬"，显化了动作对象。译本 b 也把 bowed 处理为"鞠了个躬"，其中"个"一定程度上可看作是对"鞠躬"这一动作发生的次数进行了显化。

4.3.17 动作方式、物质的方位、性质和状态

(31) For some time he sat gazing stupidly at the paper. (George Owell: *1984*)

(a) 他呆呆地坐在那里，看着本子。(董乐山译)

(b) 他还是呆呆地坐着，目不转睛地盯着面前摊开的白纸。(刘绍铭译)

对于 gazing 这一动作的翻译，译本 a 对译为"看着"，简单明了；译

本 b 译为"目不转睛地盯着",显化了动作方式,与 gaze 的意思更为贴合。但之后的"面前""摊开""白纸",则是对"纸"的方位、状态和性质的显化,相比译文 a,更能体现出主人公想写日记却无从下手的茫然,渲染了气氛。

4.4　扩展的约束机制与强度

英汉翻译需要扩展,是两种语言及其负载的思维方式、审美方式和语用方式等各方面基本差异导致的。

英语是离散性的语言,汉语是连续性的语言,这就决定英译的汉语表述必然是连续性的语言形式,只是这种表述,其连续性有强有弱。弱的,往往不会被强烈地意识到。例如,I am a teacher 若对译为"我是老师",原文的时态标记和不定冠词都没有对译,在一定程度上,原文存在的时间标记和不定与有定的区分都被删除,译文的可理解界限被扩大了:时间不一定要理解为原文的现在时,"老师"也不一定要理解为无定的。

英语是语法型语言,汉语是语用型语言。低语境语言转换为高语境语言,也就是指英语这种语法型语言转换为语用型语言,用更通俗的话说,就是把刚性的语言转换为柔性的语言。这种转换就隐含了离散性语言走向连续性语言的扩展。因而,当转换不涉及语用机制(效果)、审美、思维方式、意识形态等显著性因素之外,所谓的扩展并不能被强烈意识到。

扩展程度有大有小,但要准确说出大小实非易事。这里,我们只说一个大概。译者对扩展意识程度的大小与译者是否了解汉英思维方式、审美方式和语用方式等方面的差异有关。根据观察,扩展的强度梯次大致表现为:对高主观意义扩展最强,其次是对低主观意义,再次是客观意义。

扩展程度低的译文主要是删除界限标记来模糊事物的数和量、行为发生的时间等结果。这种扩展,一般只要了解英语语法的人都会。但是英汉翻译中是否存在对等?我们认为,完全对等的翻译应该罕见,不容易证明译文含义无存在可以扩展理解的空间,即使是人名翻译,如 Marx 若对译为"马克思",也会扩展可理解的界限,导致一些人认为"马克思"这个人是姓"马"。

扩展程度稍高的译文,主要是根据译文含义的可理解空间扩大程度更高来认定。扩展程度的高低与形式显化多少不是必然相关。英语词扩展成汉语小句,小句扩展成长句等,甚至原文中没有任何语言形式,但译文中按照原文中隐含的意义或逻辑添加词或句,这些现象都未必能认定扩展程度很高,关键是译文含义存在的理解空间与原文比较而言是否有了很大的提高。另外,文本类型越正式,扩展度越低,文学性越强,扩展度越高。还有,扩展程度的高低还与翻译类型相关,例如口译不同于笔译,交传不同于同传。至于差异如何,本书不做探讨。

此外,一些改写式的注释,是任何两种语言互译中都可能存在的。本书也不做探讨。

4.4.1 审美方式的影响

(32) "... You had better return to your partner and enjoy her smiles, <u>for you are wasting your time with me.</u>" <u>Mr. Bingley followed his advice</u>... (Jane Austen: *Pride and Prejudice*)

(a) "……你还是回到你的舞伴身边去欣赏她的笑脸吧,<u>犯不着把时间浪费在我的身上。</u>"<u>彬格莱先生依了达西先生的话走开以后</u>,……(王科一译)

(b) "……你最好回到你的舞伴身边,去欣赏她的笑脸,<u>别把时光浪费在我身上。</u>"<u>宾利先生听他的话跳舞去了,</u>……(孙致礼译)

(c) "……你还是回到你的舞伴的身旁,去欣赏她的微笑吧!<u>别在我身上浪费时间了。</u>"听了这话,宾利先生<u>回到了舞场,</u>……(罗良功译)

原文中第一个下画线句子,若直译即"因为你在我这儿浪费时间了",与前一句不能无缝衔接起来,三个译本均在此做了扩展,王译添加了"犯不着",而孙译和罗译则添加了否定词"别",消除了界限和界限标记,从审美的角度来看，就是符合汉语的平面审美。原文中第二个画线句，若对译为"宾利先生听他的话"，则显得较为抽象。因此，这里王译添加了"走开以后"，孙译添加了"跳舞去了"，罗译添加了"回到了舞场"，把抽象的表述扩展为具象的表述。

4.4.2 思维方式的影响

（33）The Netherfield ladies would have had difficulty in believing that a man who lived by trade, and within view of his own warehouses, could have been so well bred and agreeable. (Jane Austen: *Pride and Prejudice*)

（a）他原是出身商界，<u>见闻不出货房堆栈之外</u>，竟会这般有教养，这般讨人喜爱，<u>要是叫尼日斐花园的太太小姐们看见了</u>，实在难以相信。（罗良功译）

（b）泥泽地别墅的那几位姐妹一定很难相信这么一个靠做买卖营生、<u>整天</u>盯着自己货栈的男人，竟会如此有教养，如此迷人。（王科一译）

这两个译文不仅增添了主体视角，还在一定程度上都通过修辞性的方式，扩展了原文施动者主体的动作方式，如译文 b 的"整天"；扩展了动作内容，如译文 a 的"闻"。

另外，译文 a 中的"要是叫尼日斐花园的太太小姐们看见了"，属于显化事件的过程。

（34）Suddenly he began writing in sheer panic, only imperfectly aware of what he was setting down. His small but childish handwriting straggled up and down the page, shedding first its capital letters and finally even its full stops: … (George Owell: *1984*)

（a）突然他开始慌里慌张地写了起来，只是模模糊糊地意识到他写的<u>是</u>些什么。他的纤小而<u>有些</u>孩子气的笔迹在本子上弯弯曲曲地描画着，写着写着，先是省略了大写字母，最后连句号也省略了。（董乐山译）

(b) 突然他像发狂似的<u>引笔疾书</u>。写<u>些什么</u>，连他自己也仅知朦胧概念<u>而已</u>。他细小而孩子气的字体<u>上下蠕动</u>，文法错乱，最后<u>干脆</u>连标点符号也省掉。(刘绍铭译)

译文 b 中，将 writing 译为四字格"引笔疾书"，是通过主客交融的方式带来修辞意义的扩展，"而已""干脆"也同样具有修辞性色彩。但是，"蠕动"的扩展与译文 a 相比就略逊一筹，显得有些过度。

4.4.3　语用方式的影响

我们能发现，英语的结果隐含了过程，而汉语的过程未必获得想要的结果（例如，"我倒茶给你喝"，而你未必喝）。例如：

(35) Her disappointment in Charlotte made her turn with fonder regard to her sister, of whose rectitude and delicacy she was sure her opinion could never be shaken, and for whose happiness she grew daily more anxious, as Bingley had now been gone a week, and nothing was heard of his return. (Jane Austen: *Pride and Prejudice*)

(a) 她既然在夏绿蒂身上失望，便越发亲切地关注到自己姐姐身上来。她深信姐姐为人正直，作风优雅，她这种看法决不会动摇。她关心姐姐的幸福一天比一天来得迫切，因为彬格莱先生已经走了一个星期，却没有听到一点儿他要回来的消息。(王科一译)

(b) 因为对夏洛特大失所望，她便越发关心自己的姐姐了。姐姐为人正直，性情温柔，她相信她这种看法决不会动摇。她一天天越来越为姐姐的幸福担忧，因为宾利先生已经走了一个星期，却没有听到一点他要回来的消息。(孙致礼译)

(c) 她对夏洛特非常失望，这样一来，反倒使她更加关心起姐姐来。在她的心目中，姐姐为人正派，性情温和，她的这种看法永远也不会动摇。可如今宾利先生一走就已经一个星期了，没有任何有关他要回来的消息，伊丽莎白不由得为姐姐的幸福前程着急起来，这种焦

急之情日胜一日。(罗良功译)

本例中的前半句中出现了多个名词,如 disappointment、rectitude、delicacy,而在对应的英语译文中,三位译者都不约而同地将其转译为动词,这使得原本是已知信息的内容,变成了未知信息。同理,对于中间的 she was sure,前两位译者也将其转译为"深信"和"相信",对于后半部分 she grew daily more anxious,后两位译者同样选择将其译作谓语动词"为……担忧""为……着急",以上这些翻译中的变化都可以解释为:汉语语用重过程,英语语用重结果。

(36) There were other boats from the other beaches going out to sea and the old man heard the dip and push of their oars <u>even though</u> he could not see them now the moon was below the hills. (Ernest Hemingway: *The Old Man and the Sea*)

(a) 别的渔船从别处沙岸出海;<u>虽然</u>现在月落山后,看不见他们,老人<u>却</u>听得见他们木桨起落之声。(余光中译)
(b) 月亮已经落到山背后去了,别处的海滩上另有别的船出发到海中去,老人<u>虽然</u>看不见他们,<u>却</u>可以听见他们的桨落到水里和推动的声音。(张爱玲译)

汉语中,"虽然"一般与"但是"等词组合表示转折关系,"但是"之后提出跟"虽然"之后相对立的论述。为了凸显前后反差的转折效果,汉语里一般是将"虽然"铺垫在前,实际发生的事件或要表达的想法放在后面。而英文重视结论的习惯则经常导致 even though 这一基础条件放在最后。两个译文都是遵循汉语重过程,英语重结果的语用原则,把英文惯用语序调整为汉语惯用语序。

4.4.4　历时因素

下面几组案例分别是 *Happy Prince* 的三个译本,出版时间间距较长：周作人译本为 1909 年，巴金译本为 1948 年，苏福忠、张敏的译本为 2005 年。

周作人翻译该文本时，还没有规范的汉语标点符号体系，汉语也没有受到新文化运动的影响，仍然使用文言文表述。

巴金的译本是新文化运动之后出版的，已经使用白话文来表述，并使用现代汉语标点来断句。这点，苏福忠和张敏的译本也基本一样。

现代汉语与文言文的一个很大差异就是，前者受到所谓的欧化影响，表述中大量使用界限标记和界限标记词，一定程度上更容易形成精确表述，后者则看起来更精练，甚至读起来也更通顺，更符合汉语审美。

不过，不论是哪个译文，都表现出英汉翻译需要扩展的原则。只是现代汉语版本和文言文版本表现出不同的扩展特点。现代汉语的两个版本中，参看例 37 译文 c 的画线部分，译文 c 又更加显化。译文 a 的扩展特点主要表现在：使用四字格，加强了对称性，模糊了原文的主次关系、逻辑关系和事物之间的空间关系。

(37) The young man had his head buried in his hands, so he did not hear the flutter of the bird's wings, and when he looked up he found the beautiful sapphire lying on the withered violets. (Oscar Wilde: *Happy Prince*)

(a) 少年方以两手支头、不闻燕子羽声、及后举首、始见碧玉委槁华间……（周作人译）

(b) 那个年轻人两只手托着脸颊，没有听见燕子的扑翅声，等到他抬起头来，却看见那颗美丽的蓝宝石在枯萎的紫罗兰上面了。（巴金译）

(c) 那个年轻人两手把头<u>抱得紧紧的</u>，<u>一点儿</u>没有听见燕子扑棱翅膀的声音，他抬头看时才发现那颗美丽的蓝宝石<u>放</u>在<u>那些</u>枯萎的紫罗兰上面。（苏福忠、张敏译）

(38) I admit that she is domestic, he continued, but I love traveling, and my wife, consequently, should love traveling also. (Oscar Wilde: *Happy Prince*)

(a) 燕又曰、"女或宜家、第吾喜行旅、则吾妻亦必喜此乃可耳。"（周作人译）

(b) 他又说："我相信她是惯于家居的，可是我喜欢旅行，那么我的妻子也应该喜欢旅行才成。"（巴金译）

(c) "我承认她是个固守闺房的主儿，"燕子继续说，"可我喜爱周游四方，夫唱妇随，我的妻子也应该喜爱到处旅游才是。"（苏福忠、张敏译）

(39) High above the city, on a tall column, stood the statue of the Happy Prince. He was gilded all over with thin leaves of fine gold, for eyes he had two bright sapphires, and a large red ruby glowed on his sword-hilt. (Oscar Wilde: *Happy Prince*)

(a) 城中有柱石峙立、安乐王子之象在焉。象身裹以金叶、碧玉为目、剑柄上饰琼瑶、烂有光辉、见者叹赏。（周作人译）

(b) 快乐王子的像在一根高圆柱上面，高高地耸立在城市的上空，他满身贴着薄薄的纯金叶子，一对蓝宝石做成他的眼睛，一颗大的红宝石嵌在他的剑柄上，灿烂地发着红光。（巴金译）

(c) 在高高的城市上空，一根顶天立地的柱子上站立着快乐王子的塑像。他浑身上下贴满了一片片赤金叶子，眼睛含着两颗晶莹的蓝宝石，佩剑的剑柄上镶嵌了一颗大红宝石，闪闪发光。（苏福忠、张敏译）

4.4.5 母语因素

英语母语人士往往界限意识更强，结果导向意识强，因而译文中扩展意识不如汉语母语人士强。例如：

(40) When they saw the star, they rejoiced exceedingly with great joy; (Bible)

(a) 他们看见那星，就大大地欢喜。（Calvin W. Mateer 等译）

(b) 他们看见那颗星星，就大大地欢喜。

(c) 他们看见那颗星星，就大大地欢喜起来。

(d) 他们一看见那颗星星，就马上欢呼雀跃起来。

(e) 一看见那颗星星，他们就马上兴奋起来，欢呼声一浪高过一浪。

(41) And he fasted forty days and forty nights, and afterward he was hungry. And the tempt came and said to him, "If you are the Son of God, command these stones to become loaves of bread." (Bible)

(a) 他禁食四十昼夜，<u>然后就</u>饿了。那试探人的进前来对他说，你若是神的儿子，可以吩咐这些石头变成食物。(Calvin W. Mateer 等译)

(b) 他禁食四十个昼夜后感到饿了，前来试探的魔鬼就对他说："你若是神的儿子，就让石头变成食物吧。"

(42) Then Herod, when he saw that he had been tricked by the wise men, was in a furious rage, and he sent and killed all the male children in Bethlehem and in all that region who were two years old or under, according to the time which he had ascertained from the wise men. (Bible)

(a) 希律王见自己被博士愚弄，就大大发怒，差人将伯利恒城里，并四境所有的男孩，照着他向博士仔细查问的时候，凡两岁以内的，都杀尽了。（Calvin W. Mateer 等译）

(b) 希律王发现自己被博士们愚弄了，大发雷霆，命人根据自己从博士们那得来的年龄，杀尽伯利恒城里以及那片区域内所有两岁以下的男孩。

例 40 的译文 a 不如随后几个译文扩展程度高，显得不够自然。例 41 译文 a 中的"然后"，是英文 and 的汉英对应词，and 在原文中具有界限功能，但汉语是过程取向的语言，"然后"破坏了汉语的流畅性，让读者感觉"禁食"和"饿"是两件关联不大的事情。同时，译者似乎不是很善于使用汉语流水句，原因之一是译者不恰当地使用了起界限功能的连接词，如例 41 译文 a 中的"然后"、例 42 译文 a 中的"并"和"……的时候"。

译者所采取的扩展方式与译者翻译能力十分相关，有些过犹不及，有些恰如其分。这样的现象在本节中就多有反映。往往非汉语母语的人，在扩展的时候会产生障碍。

4.5 扩展的方向

上文提到英汉翻译的策略是扩展，王建国（2019）则提到汉英翻译是压缩，即汉英翻译和英汉翻译的策略大体是相反的。我们认为，英汉翻译和汉英翻译的方向可表述为以下各方面的对立：

表 4-1 英汉翻译和汉英翻译对立性的表述方式

	英汉翻译	汉英翻译
语言形式	显化	隐化
步骤或顺序	退后	推进
数学形式	n–1（n指对译原文）	n+1
推理	演绎化	归纳化
语言意义	过程化/具象化/主动化	结果化/抽象化/被动化

演绎化，就是把原文隐含的意义经过推理而演绎出来。归纳化，是指把原文的意义经过归纳压缩起来。原文的意义需要推理出来或者是需要更多的推理步骤才能推理出来，这就产生了不确定性，从而存在推理失误的可能；相比汉语表述而言，汉语表达的多种意义常被归纳隐含在英语的某个语言形式之中。

这些原则成立的理由主要是因为汉语和英语有多项较为对立的特点，例如：

1) 汉语以复合构词为主，英语以派生构词为主。英语的词义更加丰富。

2) 汉语多具象词，英语多抽象词：往往先有具象，后有抽象。

3) 汉语多主动，英语多被动：往往先有主动，后有被动。

4) 汉语多前置定语，英语多后置定语：往往先有前置定语，后有后置定语（前置定语是无标记的，后置定语在信息量过大时，或者补充说明时才会出现，而且目前只有英语中存在，汉语中不存在后置定语）。

5) 汉语重归纳，英语重演绎：往往先有归纳，后有演绎。

6) 汉语重过程，英语重结果：往往先有过程，后有结果。

下面我们再看一些例证，我们将发现遵循上述原则表述，更容易获得流畅的汉语。例如：

(42) but the <u>weakness</u> of Sir John's constitution made mountains of his petty sins in this kind. On reaching the fresh air he was sufficiently unsteady to incline the row of three at one moment as if they were marching to London, and at another as if they were marching to Bath—which produced a comical effect, frequent enough in families on nocturnal homegoings; and, like most comical effects, not quite so comic after all. (Tomes Hardy: *Tess of the D'Urbervilles*)

(a) 而约翰爵士呢？他那<u>孱弱</u>的身子却叫他这小小的罪过造成了巨大的问题。一走进清凉的空气他便开始跌跌蹿蹿，拉住两个人一时往伦敦走，一时往巴士走，十分好笑。这类下滑在一家人夜行回家时虽很常见，但<u>也</u>像大多数笑话一样叫人啼笑皆非。（孙法理译）

(b) 不过约翰爵士<u>身材衰弱</u>，所以这一类小小的罪恶，就像大山一样压来，叫他招架不住了。他出来叫凉风一吹，可就有些东倒西歪起来，只弄得他们一行三人，一会儿好像要往伦敦去，一会儿又好像要往汤泉去。这种情况，原是一家人夜间同归常有的事儿，从外表上看来，颇为可乐；不过，像世界上大多数可乐的事儿一样，骨子里却并不怎么可乐。（张谷若译）

weakness 具有很强的界限性和抽象性，是对"身子"的定性。两个译文都使用了形容词来对译，放松了界限性，提高了具象性。两个译文对 weakness 的处理，都可视为 n–1 原则使用的结果。

(43) <u>Before passing the threshold</u>, I paused to admire a quantity of grotesque carving lavished over the front, and especially about the principal door; above which, among a wilderness of crumbling griffins and shameless little boys, I detected the date "1500", and the name "Hareton Earnshaw". (Emily Brontë: *Wuthering Heights*)

(a) <u>在跨进门槛之前</u>，我停步观赏房屋前面大量的稀奇古怪的雕刻，特别是正门附近，那上面除了许多残破的怪兽和不知羞的小男孩外，我还发现"一五〇〇"年代和"哈里顿·恩萧"的名字。（杨苡译）

(b) <u>迈进门槛之前</u>，我站住观赏了一下房子前脸上大肆装点的那些奇形怪状的雕饰，特别是正门周围的那些。在门楣上方那一大堆碎裂的鹫头飞狮和不知羞臊的小男孩中间，我看出了"一五〇〇"这个年份和"哈顿·恩肖"这个姓名。（张玲、张扬译）

(c) <u>在跨进门槛之前</u>，我停步观赏了一下布满宅子正面、特别是大门周围的那些奇形怪状的雕刻。在大门的顶上，在那些破损剥落的怪兽和不知害臊的小男孩中间，我还发现了"一五〇〇"这个年份和"哈里顿·恩肖"这个姓名。（宋兆霖译）

若我们把 before 引导的介词短语结构，退后一步翻译为"待要迈过门槛，我……"，汉语的连续性显然得到加强，流畅性也随之提高。

(44) Where I want to start telling is the day I left Pencey Prep. Pencey Prep is this school that's in Agerstown, Pennsylvania. <u>You probably heard of it.</u> <u>You've probably seen the ads</u>, anyway. They advertise in about a thousand magazines, always showing some hotshot guy on a horse jumping over a fence. Like as if all you ever did at Pencey was play polo all the time. (Jerome D. Salinger: *The Catcher in the Rye*)

(a) 我打算从我离开潘西中学那天讲起。潘西这学校在宾夕法尼亚州埃杰斯镇。<u>你也许听说过。也许你至少看见过广告。</u>他们差不多在一千份杂志上登了广告，总是一个了不起的小伙子骑着马在跳篱笆。好像在潘西除了比赛马球就没有事可做似的。（施咸荣译）

(b) 我打算从我离开潘西中学那天讲起。潘西这学校在宾夕法尼亚州埃杰斯镇。<u>你也许听过忘了，但至少看见过广告吧。</u>他们差不多在一千份杂志上登了广告，总是一个了不起的小伙子骑着马在跳篱笆。好像在潘西除了比赛马球就没有事可做似的。

You probably heard of it 和 You've probably seen the ads，前者的时态是简单过去时，后者是现在完成时。但译文 a 中对应的译文根本没有区分开来。译文 b 就是通过退后一步的翻译方法，添加了"忘了"，表示"听过"是过去，现在"忘了"。即译文 b 把"忘了"这个过程显化出来了。

(45) My temper I dare not vouch for. — It is I believe too little yielding — certainly too little for the convenience of the world. I cannot forget the follies and vices of others so soon as I ought, nor their offences against myself. <u>My feelings are not puffed about with every attempt to move them.</u> (Jane Austen: *Pride and Prejudice*)

（a）至于我的性格，我可不敢自夸。我认为我的性格太不能委曲求全，这当然是说我在处事方面太不能委曲求全地随和别人。别人的愚蠢和过错我本应该赶快忘掉，却偏偏忘不掉；人家得罪了我，我也忘不掉。<u>说到我的一些情绪，也并不是我一打算把它们去除掉，它们就会烟消云散。</u>（王科一译）

（b）我的脾气，我就不敢担保。我认为，那就是太不肯妥协，不肯让步——当然是太不给人一点儿方便。我不能恰合时宜忘掉别人的愚蠢和缺德的行为，别人得罪了我，我也不能忘怀。<u>我的感情也不是推一下就可以激动起来的，我的性子也许可以说是爱发脾气的。</u>（张玲译）

（c）在脾气方面我就不能自夸。我想我自己太一意孤行，太不会见风使舵。对别人的愚蠢和恶毒总是耿耿于怀，对别人的冒犯中伤难

以原谅，我在情感方面比较固执，就算十头牛也改变不了我的感情轨迹。（罗良功译）

(46) Her manners had been imposed upon her by her mother's gentle admonitions and the sterner discipline of her mammy; her eyes were her own. (Margaret Mitchell: *Gone with the Wind*)

（a）原来她平日受了母亲的温和训诲和嬷嬷的严厉管教，这才把这副姿态勉强造成，至于那一双眼睛，那是天生给她的，绝不是人工改造得了的。（傅东华译）

（b）原来她一贯受到母亲的谆谆告诫和黑妈妈的严格管教才勉强养成这副礼貌：她那双眼睛才显出她的本色呢。（陈良廷等译）

（c）她的举止是由她母亲的谆谆训诫和嬷嬷的严厉管教强加给她的，但她的眼睛属于自己。（戴侃、李野光译）

（d）虽然她日常受着妈妈的温和教诲和嬷嬷的严厉管教，勉强摆出今天这副姿态，但那一双眼睛却是上天赐给她的，而这又决非是后天改造得了的。（简宗译）

例 45、46 中，画线部分的被动态，译文都使用了主动结构。

(47) He was an old man who fished alone in a skiff in the Gulf stream and he had gone eighty-four days now without taking a fish. (Ernest Hemingway: *The Old Man and the Sea*)

（a）他是个独自在湾流的一只小船上打鱼的老头儿，他到那儿接连去了八十四天，一条鱼也没捉到。（海观译）

（b）他是个老头子，独个儿驾一艘小艇在墨西哥湾流里打鱼，如今已八十四天没打到一条鱼了。（宋碧云译）

译文 a 把后置定语翻译为"老头儿"的前置定语，这样，就成了"老头儿"一项稳定的特征，译文 b 把后置定语单独翻译成一个句子，这样，后置定语的内容就成了"老头儿"做出的某次行为。先有行为，后才能总结出特征。因而,这个译文也是退后一步翻译的结果。这个结果,比较而言,要更加流畅。

(48) Before eight a man came down to the beach in a blue bathrobe and with much preliminary application to his person of the chilly water, and much grunting and loud breathing, floundered a minute in the sea. (F. Scott Fitzgerald: *Tender is the Night*)

时间还不到八点,一个穿着蓝色浴衣的男子来到海滩,先把冰凉的海水往自己身上泼洒,一边呼噜呼噜大声呼吸,随后下水扑腾了一会儿。(主万、叶尊译)

A man... in a blue bathrobe,一个穿着……的男子,显然"穿"也是 in 退后一步的过程,"把冰凉的海水往自己身上泼洒,一边呼噜呼噜大声呼吸"都是表状态部分 with much preliminary application to his person of the chilly water, and much grunting and loud breathing 的退后一步的过程。

4.6 结语

扩展策略基本上与汉英界限意识的强弱有关,例如汉人的主客交融、汉语的主客两分,汉人的平面延续性审美、汉语的立体断续性审美,等等。汉语界限意识弱,界限性弱使话语表达的内容的排他性弱,汉语中少用界限标记就是界限性弱的一种体现。因而,在英汉翻译中,译者需要对原文中的表述内容做出精ină的理解,转换表现界限意识强弱的思维方式、审美方式和语用方式,并在译文中通过语言形式反映这些方式。

若从形式上看,汉语译文有时比英语原文得到了压缩。我们在第三章说到汉语重实词、英语重虚词,其实扩展策略多数情况下就是利用汉语实词进行扩展,删除英语虚词和语法形式。故而,我们不能把扩展策略看成是形式扩展,尽管很多情况下意义的扩展表现为形式扩展:如添加、词组变成小句等。但扩展策略主要是语用认知意义的扩展,可能扩展想象空间,但未必扩展形式。

　　翻译很容易受到原语的影响，产生不恰当的扩展，因而译者需要非直觉的扩展意识，这就要求译者要了解两种语言中思维方式、审美方式等方面的差异，同时也要对具体的翻译目的或相关的意识形态比较敏感，做出恰当的扩展。

　　有关扩展的翻译策略，全书所有章节中都有所体现，本章只是一个概述，因而一些方面的内容并没有给更多的例证。本章主要探讨了英汉翻译中扩展的认知、语用和语义等方面的内容，第五章将专门探讨英汉翻译中扩展的形式表现。

第五章　英汉翻译扩展中的篇章建构

上一章我们主要讨论了英汉翻译的扩展策略，并分析了采用扩展策略的原因、途径以及制约因素等。

任何策略的实施都需要依赖形式来体现。扩展策略是依据交际者根据原文能获得的认知语义，这种认知语义是通过语言形式表现出来，但形式就翻译语境而言绝对不是决定性的因素。

(1) a1. Did your treatment for stammering work?
　　b1. Peter Piper picked a peck of pickled pepper.
　　a2. How amazing !
　　b2. Yes, b-b-but th-th-that's not s-s-something I v-v-very often w-w-want to s-s-say.
　　(Sperber & Wilson, 1986/1995: 178)

我们在翻译 b1 时，如果译成"彼特·派佩拾了一配克的腌制胡椒"就根本不能传达 b1 的意图，我们可以考虑用汉语中相似的绕口令"吃葡萄不吐葡萄皮"来对译。这种对译，只是形式上有所仿拟，原文的字面意义一点也没有得到再现，只取得了原文的认知效果。原文是过去时，事实上 picked 的 ed 的发音也在这个绕口令中起了一定的作用，而"吃葡萄不吐葡萄皮"是分不清时态的。因而，从某种意义上，也算是一种扩展。

这个例证提醒我们，翻译的关键不是看转换后字多字少，是转换了词性，还是改变了句式结构。我们提到的扩展是认知语义层面的，不是依据形式上译文字数的增减来判断。传统上，存在以译文字数增减来定义所谓的增译和减译（包括删除）这样的误区。字数增添或消减，可能都只是英汉翻译中扩展的一种形式表现。

当然，我们不能否认形式对语义认知的作用，但以形式为根本参照就失去了翻译本质：翻译是翻译意义（Nida，1982）（注：不只是字面意义）。这一章和下一章将分别从英汉篇章和英汉词法的差异角度来分析扩展策略的形式表现。

本章讨论篇章层面的英汉翻译，同时也纳入英汉翻译中汉语构句的分析。原因在于，汉语是语用性的语言，汉语句子的界限从句法的角度来看并不够清晰，这也是吕叔湘（2002）指出汉语的句子只能以作者自己给定的完句标点来认定的原因。因而，汉语的句子是话语句（discourse sentence），具有篇章性质（屈承熹，1996；姜望琪，2005），不同于英语句子。

Li & Thompson（1976）提出汉语是话题突出型语言，英语是主语突出型语言。这个结论显然有不少争议。但不可否认，话题具有篇章性，其在汉语构句和构篇中具有重要的作用。王建国（2013）从篇章话题的角度讨论了汉英篇章异同，构建了汉英话题系统。我们先介绍王建国的话题研究，然后讨论英汉翻译中的构句和构篇。

5.1 话题研究

话题在汉语构句和构篇的重要性在于，其语义在延续过程中会产生话题链。"主题串（话题链），由一个或数个子句（clause）所组成且以一个出现在句首的共同话题贯穿其间的一段话，实际上是汉语的言谈单位（discourse unit）。"（曹逢甫，1979/1995：6），"汉语句子大致可看作是话题链"（Tsao, 1990: 63；曹逢甫，1990/2005：53），而且，话题链是"与英语表层句子相当的汉语语篇单位（discourse unit）"。（曹逢甫，1990/2005：7）。例2为单个小句构成的话题链，例3为多个小句构成的话题链：

(2) 昨天我不舒服。(曹逢甫,1979/1995: 51)

(3) 那棵树花小,叶子大,很难看,所以我没买。(曹逢甫,1979/ 1995: 41)

石定栩(Shi, 1992)也讨论了话题链。不过,"石定栩把话题链看作是汉语句子,这个句子概念相当于英语句子,即能独立成句,又具有递归性(recursive)。事实上也相当于世界上任何一种自然语言的句子。但是,曹逢甫只是把话题链看作是与英语表层句子相当的篇章单位,强调汉语话题链的内部结构与英语句子相异但外部功能相似"(曹逢甫,2009-9-24;转引自王建国,2013:3)。这种外部功能,主要指的就是篇章功能。当然,话题链的定义有多种(王建国,2013:3),但不管哪种定义基本上都能表明,汉语话题链有强大的语篇功能,与汉语的表达是否流畅有很大的关联。

之后,王建国(2013)对话题和话题链的特征认识如下:话题源自小句的不同成分,本身却是个话语(discoursal)或篇章(textual)概念;话题表示小句所表述的事物或事情,必须在述说之前,往往处在句首的主语或主语之前的位置上;汉英语的话题可能分别有话题标记 as for、when、"吧"、"啊"、"么"、"呢"、"至于"、"关于"、"说到"等,一般是有定的且有指的(referential),但也可以是无定的。话题所呈现的形式可以是名词短语、代名词、零形式,也可以是谓词短语、形容词短语、副词短语、介宾构造或小句;凡主语所能呈现的语言形式,都可以是话题的形式。本研究对话题链的界定是:话题链由共享一个话题的数个小句(clause)或句子(sentence)组成,这些小句形成对该话题的连续述说。

话题可以从横向延续,也可以从纵向延续。横向延续,就是话题的语义在多个结构中得到延续。覆盖句子,就是句子话题,覆盖超句,就是超句话题,覆盖篇章,就是篇章话题。纵向延续,就是话题的部分语义在之后的结构中得到延续,从而构成了层次性。从另外一个角度来看,覆盖范围大的话题,往往包含覆盖范围小的话题,这些话题之间也构成了层次性。前者可称为一级话题或主话题，后者可称为二级话题或次要话题。

简言之，话题的篇章功能主要体现在其能够构成篇章单位上，最具体的体现就是能够让其语义全部延续或部分延续而构建不同的话题结构，全部延续则构建横向话题链，部分延续则可能引出新话题，从而引出新的话题结构如新的话题链等，这样又构成了纵向话题结构，它们共同为篇章的构建起着极其重要的作用。

话题在横向延续时会表现出以下形式，如图5-1：当话题纵向发展时就意味着构成纵向层次上的话题结构，即从话题的部分语义得到延续的角度构成具有纵向层次上的话题结构。参看如下图表和例证：

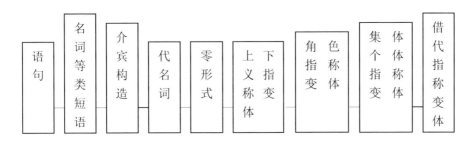

图 5-1 话题横向发展中可能出现的形式示意图①

图 5-2 话题纵向发展示意图

---

① 图5-1中是话题横向发展中可能出现的话题形式，但不表示一个话题链中必然会出现这些话题形式，也不代表话题链中话题形式会以这种顺序出现。

表 5-1　话题纵向发展与话题链[①]

纵向 话题形式	上位或下位 话题链	集体或个体 话题链	整体或部分 话题链	领属或所属 话题链
名词短语	如 6	如 5		
代名词			如 7	如 4、8

(4) 他们渐渐知道早晚是一个跟头会死在马路上。他们的拉车姿式，讲价时的随机应变，走路的抄近绕远，都足以使他们想起过去的光荣，而用鼻翅儿扇着那些后起之辈。(老舍:《骆驼祥子》)

(5) 北平的洋车夫有许多派：年轻力壮，腿脚灵利的，讲究赁漂亮的车，拉"整天儿"，爱什么时候出车与收车都有自由；拉出车来，在固定的"车口"宅门一放，专等坐快车的主儿；(同上)

(6) 语言学中又涌现了不少边缘的语言科学，如社会语言学、心理语言学、教育语言学（或应用语言学）……，等等；它们吸收了相关学科的研究方法，使语言学的触角深入到广袤的领域，大大扩展了……。(桂诗春, 2002)

(7) 他决定去拉车，就拉车去了。……可是躺了两天，他的脚脖子肿得像两条瓠子似的，再也抬不起来。他忍受着，不管是怎样的疼痛。(老舍:《骆驼祥子》)

(8) 张先生，事业做得很成功，太太又贤惠又漂亮，还烧得一手好菜，是本地人人羡慕的对象。(曹逢甫, 1990/2005:i《内容提要》)

王建国（2013）还提出了话题链中存在"前插入成分、中间插入成分以及后插入成分"，例如：

---

① 零形式话题一般不会产生这些层次性。

(9) (a) 张先生$_i$，(b) Ø$_i$事业做得很成功，【(c) Ø$_i$太太$_j$又贤惠又漂亮，(d)Ø$_j$还烧得一手好菜】，(e)Ø$_i$是本地人人羡慕的对象。(曹逢甫 1990/2005：i《内容提要》)

(10) (a) 那个厨师$_i$，【(b) 我$_j$吃过他$_i$做的菜】，(c) Ø$_i$真有本事，(d) Ø$_i$把普通的东西做得非常好吃。(屈承熹，1998/2006)

话题结构的插入成分有两种可能：一种是由与话题结构的主话题具有纵向层次上的上下位、集体与个体、整体与部分等关系的次话题引导的一个或多个小句，如句9，另一种是由与话题结构的主话题具有横向层次上的主次关系的次话题所引导的一个或多个小句，如句10。

前插入成分多为天气句和存现句（presentative/existential clause）。天气句与存现句一样往往只为话题链的主要内容提供背景信息，与链中的插入成分有相同的背景功能。如11a就至少是话题链11b的前插入成分，为其提供背景信息：

(11)【(a) 天慢慢黑了下来】，【(b) 齐光$_i$找来一些柴火生起火来，Ø$_i$坐在火堆旁边，他$_i$慢慢地喝着酒】，……。(《葬》)[①]

后插入成分往往也是话题链中的次要成分，有布景（foregrounding）或承前启后的作用。12d 为中间插入成分，12g 为后插入成分，只是起布景作用，其后作者用了 800 多字叙述了"两位客人"出国之事，才再次提到了傅家杰。13a 是前插入成分，13d 是后插入成分，引出了虎妞。

(12) (A) (a)陆文婷$_i$心中感激万分，(b)Ø$_i$忙进屋谢了大妈，(c) Ø$_i$又摸摸孩子的额头，【(d) 烧$_i$也退了些】，(e) 她$_i$才松了口气。
(B) (f) Ø$_i$给孩子打完针，(g)【傅家杰$_k$回来了】。跟着又

---

① http://www.storychina.cn/frmPopAuthor_Detail.aspx?ID=41844

来了两位客人——姜亚芬和她的爱人刘学尧大夫。(谌容:《人到中年》)

(13) (A)【(a) 天还没黑】,(b) 刘家父女ᵢ正在吃晚饭。(c) Øᵢ看见他进来,【(d) 虎妞ᵢ把筷子放下了:

(B) (e)"祥子!你让狼叼了去,还是上非洲挖金矿去了?"】

(老舍:《骆驼祥子》)

这样,各种话题结构,或许有前插入成分、中间插入成分和后插入成分,就构成了小句、句子、超句,最后形成篇章。

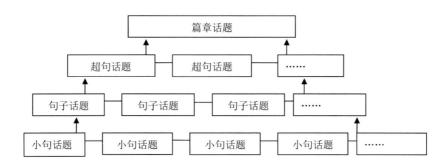

图 5-3　篇章话题系统①

下面看看王建国(2013)的例证:

基于汉英话题系统的文本分析如下:

符号解释:()中的字母 T 代表"话题"(topic),数字为话题编号,[]中的数字为话题结构编号,()中的字母和数字为话题句的话题编号,【】表示合并为话题。各种编号只是为了便于理解使用,因而不是每个篇章都会使用所有的符号。话题方框之间没有间隔往往表示它们引导的是紧邻的结构单位。

---

① 话题结构的层次性,一定程度上说明了汉英两种语言都有这个意义上的立体感。差异是:汉语话题链的内部主要是连续性的,平面感更强,例如汉语句子话题链可以很长,但英语句子话题链很长的非常少见,因而英语话题链多是超句,其内部主要是句子,句子又具有明显的主次关系,表现出接续性,立体感更强。

第五章·英汉翻译扩展中的篇章建构

（14）北平的洋车夫（T1）有许多派：[1] **年轻力壮，腿脚灵利的**（T1.1），讲究赁漂亮的车，拉"整天儿"，爱什么时候出车与收车都有自由；拉出车来，在固定的"车口"或宅门一放，专等坐快车的主儿；弄好了，也许一下子弄个一块两块的；碰巧了，也许白耗一天，连"车份儿"也没着落，但也不在乎。[2] <u>这一派哥儿们的希望</u>（T1.1.1）大概有两个：或是拉包车；或是自己买上辆车，有了自己的车，再去拉包月或散座就没大关系了，反正车是自己的。（老舍：《骆驼祥子》）

解释：（T1）与（T1.1）之间存在集体与个体关系，后者与（T1.1.1）之间又存在领属与所属关系。

（15）[3] 比这一派岁数稍大的，或因身体的关系而跑得稍差点劲的，或因家庭的关系而不敢白耗一天的（T1.2），大概就多数的拉八成新的车；Ø 人与车都有相当的漂亮，所以在要价儿的时候也还能保持住相当的尊严。这派的车夫（T1.2），也许拉"<u>整天</u>"，<u>也许拉"半天</u>"。[4] **在后者的情形下**（T1.2.1），因为还有相当的精气神，所以无论冬天夏天总是"<u>拉晚儿</u>"。[5] **夜间**（T1.2.1.1），当然比白天需要更多的留神与本事；钱自然也多挣一<u>些</u>。（老舍：《骆驼祥子》）

解释：（T1.2.1）是由（T1.2）引导的话题链所引出的话题，指代"也许拉'半天'"，而（T1.2.1.1）又是（T1.2.1）引导的话题链所引出的话题。

（16）[6] **年纪在四十以上，二十以下的** (T1.3)，恐怕就不易在前两派里有个地位了。[7]【他们的车 (T1.3.1) 破，Ø (T1.3.2= T1.3) 又不敢"拉晚儿"】(T1.3(1+2).1)，所以 Ø (T1.3) 只能早早的出车，希望能从清晨转到午后三四点钟，拉出"车份儿"和自己的嚼谷。[8]【他们的车 (T1.3.1) 破，Ø (T1.3.2= T1.3 跑得慢）】(T1.3(1+2).2)，所以 Ø(T1.3) 得多走路，少要钱。[9] 到瓜市，果市，菜市，去拉货物

（T1.3(1+2).2.1），都是他们；[10] **钱少**（T1.3(1+2).2.2），可是无须快跑呢。（老舍：《骆驼祥子》）

解释：（T1.3）与（T1.3.1）之间存在领属与所属关系，两者合并引出（T1.3(1+2).1）、（T1.3(1+2).2）两个话题，后者又引出（T1.3(1+2).2.1）（T1.3(1+2).2.2）。

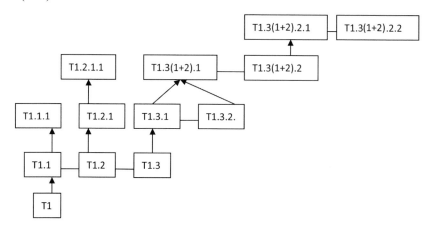

图 5-4　《骆驼祥子》片段话题系统示意图

5.2　英汉翻译中的构句

从上文可以看出，如何通过汉语话题的延续体现汉语连续性特征，是英汉翻译中一种重要的构句和构篇手段。

5.2.1　话题的选择

一、选定篇章话题

选定篇章话题应该是篇章翻译的第一步。篇章话题的选取决定了篇章的主题思想、篇章构建的目的和功能，还决定了篇章构建的可能格局，如篇章话题如何延续，需要什么样的次话题、次次话题等来支撑等。

英汉翻译中，英汉标题（篇章话题）的选取，同样可以看出汉英思维方式、审美方式以及语用方式等方面的差异。例如：

《檀香刑》*Sandalwood Death*

《魂断蓝桥》*Waterloo Bridge*

《廊桥遗梦》*The Bridge of Madison County*

这些案例中，与英语标题相比，汉语标题具有更强修辞性的主体意识，有过程性、具象性等特征，讲究对称、匀称、模糊性强等特征。

二、合理分布层次更低的话题

要慎重添加层次低的新话题，同时，层级低的话题不能过于延续，否则辅助成分过多，以致喧宾夺主。

(17) She was small and slight in person; pale, sandy-haired, and with eyes habitually cast down: when they looked up they were very large, odd, and attractive; so attractive that the Reverend Mr. Crisp, fresh from Oxford, and curate to the Vicar of Chiswick, the Reverend Mr. Flowerdew, fell in love with Miss Sharp; being shot dead by a glance of her eyes which was fired all the way across Chiswick Church from the school-pew to the reading-desk. (William Makepeace Thackeray: *Vanity Fair*)

(a) 她身材瘦小，脸色白皙，头发黄中带红，眼睛惯于瞧着地下。但如果她抬头看人，那双眼睛就显得大而奇异，十分动人，弄得克里斯普先生对她一见钟情。克里斯普先生刚从牛津大学毕业，在奇西克的弗老尔牧师手下当副牧师。夏普小姐的秋波一转，从学校包座直射到讲经台上，一下子就把克里斯普先生的魂勾走了。（彭长江译）

(b) 她身量瘦小，脸色苍白，头发是淡黄色的。她惯常低眉垂目，抬起眼来看人的时候，眼睛显得很特别，不但大，而且动人。契息克的弗拉活丢牧师手下有一个副牧师，名叫克里斯泼，刚从牛津大学毕业，Ø 竟因此爱上了她。夏泼小姐的眼风穿过契息克教堂，从学校的包座直射到牧师的讲台上，一下子就把克里斯泼牧师结果了。（杨必译）

原文来看，此段的一级话题只有 she，二级话题是 when they looked up。仅限于此段译文来看，译文 a 中的一级话题有"她"即夏普小姐和"克里斯普先生"，二级话题有"眼睛""如果她抬头看人""夏普小姐的秋波""在奇西克的弗老尔牧师"，译文 b 中的一级话题有"她"和"契息克的弗拉活丢牧师"，二级话题有"眼睛"和由一级话题"弗老尔牧师"引入的二级话题"克里斯普"。

两个译文的共性：把英语中的层次性给抹平了，原文只有一个一级话题，译文中都多了一级话题，增强了汉语的"移步换景"特征。两个译文的个性：译文 b 把不是话题的 the Vicar of Chiswick, the Reverend Mr. Flowerdew 提到了话题的位置，译文 a 把三级话题 the Reverend Mr. Crisp 提升到一级话题的位置。

从话题结构的布局来看，把不是话题的名词短语提升到话题的位置，容易产生跑题，把级别较低的话题提升到级别较高的话题同样会产生偏题，不过，前者更甚。因为后者可以站在全文的角度来看，把提升到级别较高话题结构的低级话题结构看作是另一个一级话题的插入成分，即话题"她"覆盖了更多的句子，是一级话题链，the Reverend Mr. Crisp 引导的对应的译文话题结构是该一级话题链的插入成分。这种做法所产生的移步换景的效果，在汉语中较为常见。

综上分析，我们能看出译文 a 更为流畅及其原因。再如：

(18) The young woman was tall, with a figure of perfect elegance on a large scale. She had dark and abundant hair, so glossy that it threw off the sunshine with a gleam, and a face which, besides being beautiful from regularity of feature and richness of complexion, had the impressiveness belonging to a marked brow and deep black eyes. She was ladylike, too, after the manner of the feminine gentility of those days; characterised by a certain state and dignity, rather than by the delicate, evanescent, and indescribable grace, which is now recognized as its indication. And never had Hester Prynne appeared more ladylike, in the antique interpretation of the term, than

as she issued from the prison. (Nathaniel Hawthorne: *The Scarlet Letter*)

(a) 这个青年妇人，身材修长，容姿完整优美到堂皇程度。乌黑丰茂的头发那么光泽，闪耀出阳光的彩色；她的面孔，除去润泽的肤色与端正美丽的五官之外，还有清秀的眉宇和深黑的眼睛，发出一种威仪。Ø 依照当时上流社会女性的风度来讲，她也是属于贵妇人类型的；现在我们认为贵妇人的特征是纤巧、空灵和难以描写的优雅，而在当时却是某一种庄严的仪态。Ø 如果按照过去对于贵妇人的解释，那么可以说，海丝特·白兰从不曾像从监狱里走出来时那么更似贵妇人。(侍桁译)

(b) 这个青年妇女身材颀长，体态优美绝伦。她的秀发乌黑浓密，在阳光下光彩夺目。她的面庞皮肤滋润，五官端正，在清秀的眉宇间还有一双深邃的黑眼睛，使之极为楚楚动人。她有一种高贵女子的气质，具有那个时代女性优雅的举止仪态：某种特有的稳重端庄，而没有今日认为是高贵女子标志的那种纤弱、轻柔和难以言喻的优雅。Ø 即使用古时候对贵妇人一词的解释，海丝特·白兰在步出监狱时的仪态也是名实相符的。(姚乃强译)

两个译文的共性：原文中只有一个一级话题 she，而两个译文中都出现两个以上的一级话题。两个译文中都出现主体意识强的一级话题：译文 a 中的"我们"(与 Ø 同指) 和译文 b 中不知所指的 Ø。

两个译文的个性：译文 a 中出现多个一级话题，增加的一级话题几乎在原文中都不是话题，译文 b 除了增加了不知所指的一级话题之外，话题结构大致与原文相似，形成了较好的话题层次结构，也较好地反映了该段篇章主题思想。

从上面两例来看，要反映篇章主题，需要看话题的选择以及不同层次话题的选择和排列，从单句或孤立的句子结构很难对篇章主题是否得到再现做出判断。与篇章主题的相关度，很大程度上决定了话题层级的级别。

三、话题形式的选择

前文提到，同一个话题在延续的过程中会表现出不同的形式。话题形式的选择受到很多因素的影响。例如，在英语的企业简介中会一反常态地使用名词短语重复，而不是英语中惯用的代名词重复，汉语的企业简介中则会减少使用零形式，而加大对名词短语的重复使用（王建国，2013）。换言之，不同话题形式的选择反映语用效果的不同。例如：

(19) (a) 他ᵢ扫雪，(b) 他ᵢ买东西，(c) 他ᵢ去定煤气灯，(d) 他ᵢ刷车，(e) 他ᵢ搬桌椅，(f) 他ᵢ吃刘四爷的犒劳饭，(g) 他ᵢ睡觉，(h) 他ᵢ什么也不知道，(i) Øᵢ口里没话，(j) Øᵢ心里没思想，(k) Øᵢ只隐隐的觉到那块海绵似的东西！（老舍：《骆驼祥子》）

(20) Øᵢ走出餐厅，Øᵢ目送着一身名牌的丁四开着高级轿车渐渐远去，李二ᵢ心里又是羡慕又是嫉妒：……。骂骂咧咧的李二ᵢ突然灵光一闪……（《事与愿违》）①

例19中，a到g小句群因为多次显性出现同一指代名词话题形式"他"，很明显表达了一种强烈的篇章语用效果，即表示祥子在丢失买车的钱后，即将实现的希望，第二次又遭受破灭后的复杂心情。在g小句之后的h到k小句群主要是描写祥子的内心世界，烘托了祥子几近麻木的心态。例20中，话题"李二"在延续时，使用了变体形式"骂骂咧咧的李二"，反映了"李二"为人低劣的品质。

这两个例子虽然只是整个篇章中的一段话语，但都可以以小见大。前者烘托了"祥子"不幸的人生，"仿佛是个能干活的死人"，后者预示了"李二"走向犯罪的结局（王建国，2013）。

英语中也是如此。例如：

(21) Upstairs, Marilyn opens her daughter's door and sees the bed unslept in: neat hospital corners still pleated beneath the comforter, pillow still fluffed and convex. Nothing seems out of place. Mustard-colored

---

① http://www.storychina.cn/frmPopAuthor_Detail.aspx?ID=203252

corduroys tangled on the floor, a single rainbow-striped sock. A row of science fair ribbons on the wall, a postcard of Einstein. [<u>Lydia's</u> duffel bag crumpled on the floor of the closet. <u>Lydia's</u> green bookbag slouched against her desk. <u>Lydia's</u> bottle of Baby Soft atop the dresser, a sweet, powdery, loved-baby scent still in the air. But no <u>Lydia</u>.] (Celeste Ng: *Everything I Never Told You*)

（a）楼上，玛丽琳打开女儿房间的门，发现床上似乎没有人睡过——羽绒被下面是边角折叠整齐的床单，枕头松软凸起，没有丝毫凌乱的痕迹。地板上胡乱扔着一条深黄色条绒裤子和一只彩虹条纹的袜子。墙上挂着科学展颁发的绶带，还有一张印着爱因斯坦头像的明信片。<u>莉迪亚</u>的帆布旅行袋堆在衣柜旁边的地板上，皱成一团，她的绿色书包摊放在书桌上。梳妆台上是<u>莉迪亚</u>的"柔宝宝"乳霜瓶，空气中还飘散着婴儿护肤品特有的香甜气味。然而<u>莉迪亚</u>却不见了。（孙璐译）

（b）走到楼上，妈妈打开女儿的房门，直往床上看去，不见女儿的人影。羽绒被下面的床单，边角折叠整齐，枕头依然松软凸起，一切都整整齐齐。转眼看去，只见地板上扔着一条深黄色条绒裤子，还有一只彩虹条纹的袜子；墙上，挂着一排科学展上的装饰带，还有一张印着爱因斯坦头像的明信片。<u>莉迪亚</u>的帆布旅行袋堆在衣柜旁边的地板上，皱成一团，<u>莉迪亚</u>的绿色书包摊放在书桌上，<u>莉迪亚</u>的"柔宝宝"乳霜瓶还在梳妆台上，空气中还飘散着婴儿护肤品特有的香甜气味。然而<u>莉迪亚</u>却不见了。

原文中 [...] 中，Lydia 多次反复，而非使用代词替代，反映了强烈的语用含义：母亲丢了女儿，明知女儿不在房间，却反复在女儿房间各个角落来回察看，不想遗漏任何可能找到或者帮助找到女儿的信息，看到女儿的物品，睹物思人，母亲当时的心情可想而知。

相比较而言，a 似乎并没有反映出这种语用含意，不如 b 能反映母亲在女儿丢失之后那种迫切想找到女儿的心情。①

5.2.2 述题的选择

话题的选择影响主题的再现，也影响述题（comment）的选择。述题的选择同样影响主题的再现，在文学作品中，还影响原文意象的再现。

通常情况下，述题内容要保持连续性，保持连续性的方法就是按照事件发生的时序、因果逻辑等进行归纳式的排列。例如：

(22) <u>An aeroplane</u> offers you an unusual and breathtaking view of the world. <u>If the landscape is hidden from view</u>, you can enjoy the extraordinary sight of unbroken cloud plains that stretch out for miles before you, while the sun shines brilliantly in a clear sky.（转引自徐莉娜）

(a) 飞机上你可以观赏那非同寻常的世界美景。如果地面风景从视野中消失，只要阳光灿烂，清澈明朗，你就能观赏眼前的云海景色，云海连绵，一望数英里，美妙无比。（徐莉娜译）

(b) 坐上飞机，你能一览非同凡响、令人激动的人间美景，就算看不到这番美景，也能欣赏到阳光照耀下那蔚蓝的天空，连绵不绝的云海。

首先，原文中第一个话题是 an aeroplane，随后话题转移到 if the landscape is hidden from view。英语中以客体为话题的方式，导致英语话题延续性往往不如汉语话题延续性强，汉语中在有多个话题竞选的时候，主体性强的，往往会成为话题，主体性强的话题延续性强，其随后的述题就很容易按照时序、逻辑顺序的原则逐步排序。

译文 a 中，"飞机上"是第一句的主话题，"如果"引导的小句是第二句的主话题，两句并没有构成话题链。同时，while 小句翻译成"只要"

---

① "然而莉迪亚却不见了"似乎译成"女儿你在哪呢？"更有强烈的修辞色彩。我们的后续研究中发现，汉英翻译中，英语母语者把汉语大量的修辞问句翻译成英语的陈述句，相反，汉语母语者这样做的情况更少。与此类比，我们觉得以上建议是有依据的。

引导的条件句似乎也不妥。若我们另译为译文 b，该译文以"你"为主话题，并把所有内容构成了一个话题链，其流畅性就更好了。

这里再特别说一下篇章主题影响被动语态的翻译。篇章主题影响话题的选择，从而影响述题的选择。被动语态句，若没有上下文，其实不好判断哪种翻译更好。但有了上下文，译者就能明白原文主题是什么，从而选择恰当的话题，以至于影响被动语态的翻译。例如：

(23) Mr. Collins <u>repeated</u> his apologies in quitting the room, and <u>was assured</u> with unwearying civility that they were perfectly needless. (Jane Austen: *Pride and Prejudice*)

(a) 柯林斯先生走出门来，又再三道谢，<u>主人</u>也礼貌周全地请他不必过分客气。（王科一译）

(b) 柯林斯先生出门的时候，又再三表示歉意，<u>主人</u>带着不厌其烦的客气口吻说，这就大可不必啦。（孙致礼译）

(c) 临出门时，柯林斯先生再次表示歉意，<u>主人</u>则不停地礼貌地说大可不必抱歉。（罗良功译）

(d) 临出门时，柯林斯先生再三表示歉意，可他越是道歉，<u>主人越是礼貌，越是不厌其烦地让他大可不必。</u>

前三个译文都把 was assured 翻译成了主动结构，由此也把"柯林斯先生"这个话题换成了"主人"。总体而言，这种改变话题的现象，对话语的流畅性作用也不是很大。最后一个译文通过"越是……越是"的结构加强了话语的连续性，同时也通过这个结构，可以看出"主人"这个新话题与"柯林斯先生"这个主话题有引入关系，不像前三个译文一样更像是平行关系，主次不够清晰。

(24) <u>Mr. Collins</u> was at leisure to look around him and admire, and <u>he</u> was so much struck with the size and furniture of the apartment, that <u>he</u> declared <u>he</u> might almost have supposed himself in the small summer breakfast parlour at Rosings. (Jane Austen: *Pride and Prejudice*)

121

（a）柯林斯先生悠然自得地朝四下望望，想要赞赏一番。他十分惊羡屋子的面积和陈设，说他好像走进了罗辛斯那间消夏的小餐厅。（孙致礼译）

（b）柯林斯先生却悠然自得地环顾着四周，欣羡不已，这宽敞的房间和精美的家具让他心动。他说他简直就像是坐在罗辛斯庄园较小的一间消夏的早餐厅。（罗良功译）

原文话题自始至终都是"Mr. Collins"，两个译文中，译文 a 照译了原文，而译文 b 没有完全转换被动语态（"让"字有表被动的功能），将话题换成了"这宽敞的房间和精美的家具"，在大话题链里插入了话题结构，导致流畅性不如译文 a。

总之，一些英语被动句的翻译，其被动的调整与话题链的构建，与取得流畅性更为相关。

5.2.3 话题结构的构建

(25) She dropped her head upon her folded hands so that her mother could not see her face, and her thoughts went sadly back to Ashley. How could he be planning to marry Melanie when he really loved her, Scarlett? And when he knew how much she loved him? How could he deliberately break her heart? (Margaret Mitchell: *Gone with the Wind*)

（a）她把头搁在叠合着的双手上，使母亲无法看见她的脸，于是她的思想便伤心地跑回到艾希礼那儿去了。当他真正爱她的思嘉的时候，他又怎么打算娶媚兰呢？何况他也知道她多么爱他，他怎么能故意伤她的心啊？（陈良廷译）

（b）她把双手叠了起来，头搁在上面，躲开妈妈的眼光，心一下子就飞到了阿希礼身上，伤心欲绝。要是他真爱她，怎么会打算娶米兰妮呢？他也不想一想她有多爱他吗？他怎么能这样毫无顾忌地伤害她啊？

译文 a 相比译文 b 而言，使用了相当多的介词和连词，导致译文不够流畅。译文 b 不仅消除了部分介词和连词，而且利用汉语重过程的语用原则，把 when 引导的几个结果状态句，倒推回过程性推理，使得汉语更加流畅。

事实上，话题链是形式衔接的重要手段，我们必须了解汉英形式衔接的差异，优秀译者更多的时候靠语感，事实上一些优秀的翻译家也不熟悉这些语法分析，但他们能较好地使用话题链，只是也有马失前蹄的地方。这些地方，有些是译者故意所为，从而产生特殊的语用效果，有些则是受到原文干扰而导致的翻译腔。例如：

(26) Gathering my faculties, I looked about me. Rain, wind and darkness filled the air. (Charlotte Brontë: *Jane Eyre*)

(a) 我定下神来，环顾四周，<u>只见</u>雨在下，风在刮，周围一片黑。（黄源深译）

(b) 我镇起精神，向四周看望。风雨和黑暗充满了空中。（李霁野译）

(27) The refreshing meal, the brilliant fire, the presence and kindness of her beloved instructress, or, perhaps, more than all these, something in her own unique mind, had roused her powers within her. (Charlotte Brontë: *Jane Eyre*)

(a) 因为茶点振奋了精神，炉火在熊熊燃烧，因为亲爱的导师在场并待她很好，也许不止这一切，而是她独一无二的头脑中的某种东西，激发了她内在的种种力量。（黄源深译）

(b) 饭菜飘香，炉火熊熊，<u>看到</u>身边心爱的老师，<u>感受到</u>老师的温暖，可能还有自己头脑里冒出的奇思妙想，都激发了她心中的种种力量。

黄源深是我国著名的翻译家，我们就例 26、27 中他的译文作大致的调查，基本上认为例 26 中的黄译很好，但是例 27 中的黄译难懂难读。

王建国、张虹（2016）发现汉英翻译的译者喜欢删除表过程意义的感官词，相反，英汉翻译的译者喜欢添加表过程意义的感官词。换言之，英汉翻译中实际上存在一条原则：添加感官词可以使译文通顺。黄源深的第一个译文就是这么做的，把所有评述结构构成了一个话题链。但是他的第二个译文违反了这条原则，是否有额外的语用含意呢？若没有，就只能视为不恰当的语用表达。

我们认为，汉译中添加表过程意义的感官词，是语用上汉语重过程、英语重结果的表现（王建国、何自然，2014），同时也是汉语主客不分、英语主客两分的思维方式差异表现（王建国，2017）。例26中，黄译添加了"只见"，把前后主观视角和客观描写融为一体，形成了行云流水之感。李译其实更大程度上反映了英语的语用和思维方式，直译过来就不够流畅了。从画面感来看，黄译把客体"雨在下"等置于主体视角之下，构成了一个平面画面，而原文以及李译是主体在客体之中，是立体画面。

就例27而言，黄译并没有赢得读者的好感，且看不出译者是故意违反原则，相反27b得到更多的好感，由此我们认为，我们包括优秀翻译家的语感都有不稳定的一面，尤其是翻译中容易受到原文形式的干扰，故而，总结出一些构建话题链的方式，还是有实践意义的。

5.2.4 利用汉语特色的话题结构

陈国华、王建国（2010）指出，汉语中的双名词、大小主语式的话题句使用广泛，如"他肚子大"（"他"是大主语，"肚子"是小主语），因而适当使用这种典型的汉语结构能增强译文表达的流畅性。例如：

(28) She was a woman of mean understanding, little information, and uncertain temper. (Jane Austen: *Pride and Prejudice*)
 (a) 她是个智力贫乏、不学无术、喜怒无常的女人。（王科一译）
 (b) 她是个智力贫乏、孤陋寡闻、喜怒无常的女人。（孙致礼译）
 (c) 她是一个悟性平庸、孤陋寡闻、喜怒无常的女人。（罗良功译）
 (d) 她这个女人，悟性平庸，孤陋寡闻，喜怒无常。

例 28d 使用了"这个女人"这种较有汉语特色的元语言话题标记，同时，其画线部分利用了汉语可以形成大小主语结构的优势，做了小主语，构建了话题链，提高了译文的流畅性。由于英语中比较罕见汉语式的双名词、大小主语式的话题句，译者在一定程度上容易受到英语原文形式的干扰，从而使用层次更为分明的主从结构，一定程度上影响了译文的流畅性。

5.3 译文篇章衔接方式的选择

Halliday & Hasan（1976）指出，篇章衔接方式主要包括照应（reference），替代（substitution），省略（ellipsis），连接词语（conjunction）和词义连接（lexical cohesion）。

衔接，显现于形式，往往是连贯的重要手段，但连贯是个心理概念（Sperber & Wilson, 1986/1995），往往随读者的认知能力而异。因而，一般情况下，衔接方式就被拿来作为一个相对客观的形式进行参照，从而对文章是否连贯做出相对客观的判断。

由于英汉篇章的衔接方式无论在句子层面还是篇章层面都存在差异，因而英汉翻译中，为了让汉语读者获得更好的连贯，衔接方式的转换就显得很重要。

由于汉语连续性强，其衔接方式多与加强连续性相关，而英语界限性强，其衔接方式则与加强界限性相关。汉语衔接词的特殊性还在于其明显与汉语母语者的思维方式相关。例如，汉语母语者主观与客观意识不分：在语言表述中，通过感官词"话说""可以说""是啊""且说""只见"等来衔接主客体，形成了以主观为驱动、把客观控制在主观的视野范围之内的表述方式。这些衔接词，有些非常虚，没有施动对象，如"且说"等，但有些半实半虚，如"定睛看时"的"看"（本部分内容可参看第二章）。英汉翻译中，英语衔接方式的处理以及汉语衔接方式的运用与译文的流畅性都有很大的关联。

首先，虚词，不管是汉语虚词还是英语虚词，几乎都是界限标记，具有标记界限的功能,因而英汉翻译时,英语虚词尽量不对译,汉语虚词尽量少用。

其次,汉语不重虚词,但重实词。因而,实词重复,在汉语篇章中是重要的衔接手段,构词层面喜欢重复,构句层面喜欢对称,构篇层面喜欢实词回指,等等。

再次,汉语中由于没有固定的时态界限标记,英语时态的标记功能往往靠汉语词汇来体现。这时,这些时间词汇,往往起着衔接作用。

5.4 篇章主题与选词

所有的翻译都是在选词、造句然后构篇的过程中完成的。不论需要翻译什么体裁的文本,译者都需要在选词、造句和构篇的过程中表现出较强的界限意识。

当然,各种文本属于不同的体裁。任何一种体裁之所以成为一种体裁,就是因为其有排他性即界限性。每一种体裁的文本有其基本的格式和规范需要遵循,这些格式和规范就是界限标记。不过,一些体裁,比如文学文本,则可能表现出多种体裁特征,格式和规范都会相对多样化,如时代风格、作者个人风格、地域风格、阶层风格、方言风格等等。

选词要有文体和体裁意识。选词的策略是扩展,其扩展程度与文本文体相关。例如,越严谨的文体文本,其扩展度越低,越容易选择具有较强界限的抽象名词或专有名词,减少想象空间,避免误解。越是内容活泼的文本,越是容易选择界限相对弱的动词或形容词,从而加大想象空间。

不同体裁的文本在翻译的时候,要注意转换思维方式、审美观和语用规范等一般的常规翻译意识外,还要侧重各自特征所负载的界限意识。

篇章主题对选词的影响主要表现在词义的文体色彩、情感色彩等多个方面。例如:

(29) ... nor was Mrs. Hurst, who had married a man of more fashion than fortune, less disposed to consider his house as her home when it suited

her. (Jane Austen: *Pride and Prejudice*)

(a) 再说那位嫁了个<u>穷措大</u>的赫斯脱太太，每逢上弟弟这儿来做客，依旧像是到了自己家里。(转自孙致礼 2001)

(b) 而那位赫斯特夫人嫁了个<u>家财不足、派头有余</u>的绅士，因而一旦得便，也很情愿把弟弟的家当作自己的家。(转自孙致礼 2001)

孙致礼（2001）认为，文中的赫斯特先生本是个好吃懒做、从不读书的绅士，译者用"穷措大"来形容他，虽然既顺当又简练，但却扭曲了人物的形象，将其刻画成一个类似孔乙己式的穷困的读书人。译文 b 采用异化法，将 a man of more fashion than fortune 译作"家财不足、派头有余的绅士"，就显得比较贴切。

例 30 通过使用大量不规范的语言刻画了一个文化程度不高的人，译本 b 一定程度遵循了这种规范，反映原文的主题和意象。

(30) "Pitt has got vat," said the Baronet, after this mark of affection. "Does he read ee very long zermons, my dear? Hundredth Psalm, Evening Hymn, hay Pitt? Go and get a glass of Malmsey and a cake for my Lady Jane, Horrocks, you great big booby, and don't stand stearing there like a fat pig. I won't ask you to stop, my dear; you'll find it too stoopid, and so should I too along a Pitt. I'm an old man now, and like my own ways, and my pipe and backgammon of a night." (William Makepeace Thackeray: *Vanity Fair*)

(a) 从男爵跟媳妇亲热过以后，便道："毕脱长胖了。亲爱的，他可常常对你唠唠叨叨的讲道吗？第一百首圣诗，晚祷赞美诗，哈哈，毕脱，对不对？霍洛克斯，你这个呆子，别站在这儿像肥猪那么白瞪着眼，快去斟杯葡萄酒来请吉恩夫人喝，再拿一个饼来。不过我不留你住了，亲爱的。你在这儿也闷得慌。就拿我来说吧，凡是名叫毕脱的人都叫我觉得腻烦。我老了，有我自己的习惯，晚上爱抽袋烟，下下棋。"（杨必译）

(b) "皮特长'半'了。"从男爵表示过亲热以后说，"他给你念老长的'普'道文吗，亲爱的？念过第一百首圣诗、晚祷赞美诗吗，恩，

127

皮特？快去给简郡主斟一杯浓白葡萄酒，拿个饼来。你这大笨蛋，别像大肥猪一样站在那里'瞪'眼睛。亲爱的，我不留你住了，你会觉得无'料'得很的。我跟一个叫皮的人在一块，也觉得无'料'得很。现在我年纪'劳'了，喜欢按自己的习惯过日子，抽抽烟，晚上下下十五子棋。"（彭长江译）

5.5 话题链的使用与译文的忠实性

英汉翻译是否流畅，这也与话题链的使用有莫大的关系，长久以来引起了不少英汉翻译研究者的兴趣（如许余龙 1987；徐莉娜 2009，2010；孙坤 2013；王建国 2013）。徐莉娜和孙坤都是强调"通顺"。徐莉娜指出构建话题链是"克服翻译腔、提高译文表达效果的方法"，孙坤则认为使用话题链"能大量减少译入语的欧化痕迹，提高译入语的质量"。王建国（2013）也讨论过话题链使用与英汉翻译，基本上与徐莉娜和孙坤一样都是出于通顺表达的考虑。

汉语话题链的使用会提高译文的流畅性，但就忠实而言，使用话题链未必可以达到目的。当然，与话题链构建不相关的地方，为了提高流畅性，同样会面临忠实的问题。反之，又可能造成译文的流畅性问题。上文几个例证都能反映这点。换言之，我们在构建话题链的同时，很多时候是以牺牲忠实为代价的。再说，话题链的使用有时也会受到约束。例如：

(31) (a) Ø_i 站起来，他_i 觉得他_i 又像个人了。<u>太阳_j 还在西边的最低处，河水_k 被晚霞照得有些微红</u>。他_i 痛快得要喊叫出来，Ø_i 摸了摸脸上那块平滑的疤，Ø_i 摸了摸袋中的钱，Ø_i 又看了一眼角楼上的阳光，他_i 硬把病忘了，Ø_i 把一切都忘了，Ø_i 好似有点什么心愿，他_i 决定走进城去。（老舍：《骆驼祥子》，转引自杨彬 2016）

(b) Ø_i 站起来，他_i 觉得他_i 又像个人了。（"看见"或者"发现"）<u>太阳_j 还在西边的最低处，河水_k 被晚霞照得有些微红</u>。他_i 痛快得要喊叫出来，Ø_i 摸了摸脸上那块平滑的疤，Ø_i 摸了摸袋中的钱，Ø_i 又看了一眼角楼上的阳光，他_i硬把病忘了，Ø_i把一切都忘了，Ø_i好似有点什么心愿，他_i决定走进城去。

杨彬（2016）认为，"太阳_j还在西边的最低处，河水_k被晚霞照得有些微红"，这两句的话题分别是太阳和河水，切断了本来可以一气呵成的话题链。因此，他建议，该两句可以假设是由其前缺省的意向动词（如"看见""发现"等），将太阳和河水所引领的传达情景信息的话语，纳入"他"所引领的整个话题链，以保持该话题链之完整。"这样衔接话题，既能够丰富话语的信息量有效渲染主人公的心情，又能使整个话语具有更高的结构化程度；而保证话语结构的高度结构化，正是人类信息处理的心理机制的内在要求。"（杨彬，2016）

屈承熹（2018）认为，从表面上看，上述分析似乎相当合理。若添加感官动词，该段确实可以成为一个前后完全一致的话题链。但是，"太阳在西边的最低处，河水被晚霞照得有些微红"这个情景，可能是"他"（骆驼祥子）的体会，但也可能是作者想引导读者体会当时的情景。他认为，原文没有如杨彬所言添加感官动词，其实是通过语言形式，"将动作的陈述与心境的描写分隔，将自然环境与当前人物分离，似乎应该是结构较为严谨的处理"。一味追求一气呵成的连贯，实乃本末倒置。

上面的案例告诉我们，一气呵成的话题链确实是很流畅的语言表述，但未必是最恰当的表述。同样，英汉翻译中若一味追求一气呵成的话题链形式表述，虽然表达流畅，但也很可能是不忠实的一种表现。上文我们已经有多个案例做过相关分析。再如：

(32) At dawn the soldiers began their coup by seizing a building housing the army chief of staff headquarters.（转引自孙坤）

(a) 天一亮，士兵们抓住了敌军司令部的头领，继而开始发动政变。（转引自孙坤）

(b) 黎明时分，士兵们开始发动政变，占领了陆军参谋长的府邸。（转引自孙坤）

(c) 黎明时分（破晓时分／天一亮／天亮时），这批士兵占领了陆

军参谋长办公室所在的建筑,<u>而</u>拉开了政变的序幕。(孙坤译)

(33) Whatever may have been his incentive, however, up he sprang, and screamed out, "Hold off, Cuff; don't bully that child any more; or I'll—" (William Makepeace Thackeray: *Vanity Fair*)

(a) 且不管都宾的动机是什么,<u>只见</u>他一跃而起,尖声叫道:"住手!你再欺负小孩儿,我就……"(杨必译)

(b) 不管他出于何种动机,反正他蹦了起来,尖声喊道:"……"。(荣如德译)

例 32 中,三个译文有两种顺序表达,先"政变"后"抓住"或者相反。那么,到底是先政变,再去抓住陆军参谋长呢,还是抓住陆军参谋长之后才开始政变呢?(若没有抓住,可能就不政变?)我们认为,根据原文,似乎抓住陆军参谋长是政变的前提,但若不政变,又有谁会去抓陆军参谋长呢?因而两个译文都有道理,且都较为流畅。孙坤的译文添加了"而",其实破坏了流畅性,但似乎增加了忠实度,即表达了原文中 by 所隐含的因果关系。英语中 by 引导的这种结构让原文具有很强的层次性,反映了英语立体审美的特点,而汉语话题链的使用,追求的是一气呵成、行云流水的感觉,是一种平面审美的表现。换言之,越是追求汉语中的审美要求,越是不忠实于英语中的审美要求。

例 33 中,译者杨必添加了"只见",这个动作实际上难以判断谁是动作的发出者,充分体现了译者为了追求流畅,把英语当中主客两分的思维方式换成了汉语当中主客不分的思维方式。这是一种思维方式的不忠实。当然译文 b 中没有添加"只见"之类的词,读起来流畅性还是相差不少,甚至有些古怪。

5.6 结语

本章从思维方式、审美方式和语用方式的差异,从语言形式选择入手，指出了英汉翻译中构建话题结构的方式，构建话题链的利弊，重新思考了英汉翻译中话题链的使用与功能。

传统上对忠实与通顺的讨论，很少从语言形式与思维方式和审美角度等之间的关系去看，多为感性认定。本文不是要让读者遵循忠实的翻译，因为过于忠实的翻译，往往不美，也不是要读者遵循流畅的翻译，因为过于流畅的翻译，往往不忠。这是两种语言及其承载的东西存在差异所决定的。

我们只希望可以起到提示的作用：先不管忠实和通顺能达到何种程度，若想尽可能地追求忠实的翻译或通顺的翻译，译者就需要明白可能各有得失。至于译者如何抉择，由译者根据具体翻译语境去决定，非我们所能规定的。当然，尽量做到忠实与通顺兼顾最好，尽管仍会各有所失。

这里我们先要明确一下，我们讨论话题链的使用是基于优秀译者可以提高翻译质量的前提下进行的，而非只面向一般译者。优秀译者很多时候凭语感就可以解决一般译者遇到的问题，他们能够不需要理论的指导就能构建话题链，并基本上可以达到译文通顺的目的。不过，根据我们的观察，优秀译者的语感稳定性不强，有时缺乏主动构建话题链的手段，不能更好地利用话题链来达到表达通顺的目的。

传统基于话题链的翻译研究，明确了汉语话题链构建可以提高英汉翻译的流畅性，但传统观点的指导意义基本上没有超越优秀译者母语语感的能力所及，即优秀译者可以根据母语语感做出较为流畅的翻译。我们基于汉英对比的成果，指出了几种主动构建汉语话题结构的方式，对提高译文的流畅性有指导意义，并同时明确了构建话题链尽管可以提高译文的流畅性，但从思维方式和审美方式的角度来看，这样的译文可能违背了翻译的忠实性要求，传统研究忽视了这点，当前需要加强这方面的认识。

第六章 英汉翻译扩展中的词汇处理

严格来说，汉英两种语言没有对应的词类。汉语的名词不可数，需要加上量词，才可数（戴浩一，2002），而英语名词不一样。汉语形容词是动词的次类，而英语形容词和动词截然分开，英语动词可以承载时态，而形容词不可以。

当然，不严格来讲，我们可以认为，汉英中存在一些不对应的词类，产生这种现象的原因是：汉语的界限性弱而英语的界限性强（对应于吕叔湘（1979：11）所说的汉语具有连续性而英语具有离散性）。例如，英语的冠词、关系代词和关系副词等都是汉语中没有的词类。英语中特有的词类多是界限标记，标记英语中界限性很强的结构；汉语中特有的词类多与汉语结构形式具有连续性特征相关，例如量词就是与汉语名词不可数即具有连续性相关。

6.1 英汉翻译词汇处理的一般原则

词类分为实词和虚词。有些学者（王力，1985）认为，汉语代词是半实半虚的词类。实词，表达实际意义，在认知语义上存在界限，虚词往往影响认知语义的界限，形式表现为界限标记。

1. 对原文虚词的处理

尽量不对译原文虚词，原文虚词具有界限标记功能，对译容易产生界限性，不符合汉语的连续性特征。

2. 对原文实词的处理

就词性而言，英语实词一般语义含量大（刘宓庆 1980；邵志洪 1996）。名词转换为动词、小句；动词扩展其方式、原因、地方、时间等；形容词（包含名词、动词）尽量扩展为对称结构。

就抽象程度而言，英语存在大量的抽象词。王力（1984）认为，汉语只有少数抽象词，因而英语抽象词往往需要转换为具象词；具象词，也可以转换为具象词。

3. 译文虚词的使用

汉语虚词尽量少用。不过，文体不同，使用的频率会出现较大差异。文体越严谨，虚词的使用频率越高。虚词具有界限标记功能，可以保证内容严谨和准确。

4. 译文实词的使用

就词性而言，尽量多用实词；动词的使用频率较高，动词与汉语语用重过程较为典型相关，可以明显增强表意的连续性。

就抽象程度而言，译文中少用抽象词，但使用频率与原文文体相关。越严谨的文本，抽象词的使用频率越高，尤其是抽象名词，因为名词的排他性即精确性比其他词性的词更高。

6.2 英语实词的翻译和汉语实词的使用

通常情况下，原文中各种词类在不违反译文语境中的审美和语用方式时，各种词类中绝大多数词汇会考虑对译。但在篇章语境中，我们认为，以下各词类在翻译中需要特别留意如下情况。

6.2.1 英语名词的翻译和汉语名词的使用

名词具有强界限性和排他性，因而多用于命名，用于严谨的文本。英语名词使用得多，与其语法严谨具有一定的一致性，也与其审美方式、思维方式和语用方式等多个方面具有一致性。在翻译英语名词的时候，需要考虑语境对严谨和排他性的要求。通常，文学文本中，为了保证文本的流畅性，英语名词对译为汉语名词需要谨慎。汉语一般的审美要求是模糊的，思维方式是主客交融的，语用是重过程的，因而，若对译英语名词，不容易获得通顺的效果。例如：

（1）<u>Phases of her childhood</u> lurked in her aspect still. As she walked along to-day, for all her <u>bouncing handsome womanliness</u>, you could sometimes see her twelfth year in her cheeks, or her ninth sparkling from her eyes; and even her fifth would flit over the curves of her mouth now and then. (Tomes Hardy: *Tess of the D'Urbervilles*)

（a）苔丝身上还不时闪现着儿童时代的特征。今天游行的时候，你还能在她的脸颊上看到她十二岁时的样子，在她闪动的目光里看到她九岁的样子，甚至在她嘴角的曲线上偶然看到她五岁时的样子，虽则她已浑身<u>洋溢着俊美妇女的风韵</u>。（孙法理译）

（b）她的面容仍然不时<u>流露出一股稚气</u>。她今天走路的时候，尽管周身<u>洋溢着美丽的成年女子的气质</u>，可你有时能从她的面颊中看出她十二岁时的情态，或者在她眼睛中辨出她九岁的光泽，甚至连五岁时的神色也不时地从她嘴角的曲线中掠过。（吴笛译）

此选段有许多名词结构，phases of her childhood 用以形容她稚气未脱，her bouncing handsome womanliness 描述她举手投足之间同时具有成熟女性的气质，名词的界限性强。而在英汉翻译时，从两个译本都可以看出，两位译者以借助动词的主要方式削弱英语名词的界限性，如"流露（稚气）""洋溢（成年女子的气质）"，减少了界限感，增强了流畅性。

（2）But for all the <u>modesty</u> of her spreading skirts, the <u>demureness</u> of hair netted smoothly into a chignon and the <u>quietness</u> of small white hands folded in her lap, her true self was poorly concealed. The green eyes in the carefully sweet face were turbulent, willful, lusty with life, distinctly at variance with her decorous demeanour. (Margaret Mitchell: *Gone with the Wind*)

(a) 可是不管她那散开的长裙显得多么<u>端庄</u>，不管她那梳得光滑的后髻显得多么<u>老实</u>，也不管她那叠在膝头上的一双小手显得多么<u>安静</u>，总是掩饰不了她的真性情。她那双绿色的眼睛虽然嵌在一张矜持的面孔上，却是骚动不宁的，慧黠多端的，洋溢生命的，跟她那一副装饰起来的仪态截然不能相称。(傅东华译)

(b) 尽管她长裙舒展，<u>显得仪态端庄</u>，一头乌丝光溜溜地用发网拢成发髻，显得风度娴雅，一双雪白的纤手交叉搁在膝上，<u>显得举止文静</u>，但真正的本性却难以掩饰。精心故作娇憨的脸上那对绿眼睛爱动、任性、生气勃勃，和她那份端庄截然不同。(陈廷良译)

(c) 尽管她穿着舒展的长裙，显得非常<u>朴实</u>；尽管她用发网将头发顺溜地拢进发髻当中，显得非常<u>端庄</u>，尽管她将洁白的小手交叉着十指放在膝上，显得非常<u>文静</u>，但她的真本性却无法遮盖住。她那张脸看上去非常贤淑，可那双绿色的眼睛躁动不安、固执任性、充满活力，这与她那万千的仪态显然格格不入。(李明译)

对于原文 modesty、demureness、quietness 这一连串的名词，在三个译文中都是用"端庄""安静""文静""老实""朴实"等界限性较弱的形容词来描述。

汉语专有名词的使用，一定要尽量使用界限性强、排他性强的词语。下面，我们说明一下英语专有名词的翻译[①]。

英语专有名词有多种形式标记，这些标记具有界限标记的功能，即看到这些标记就能识别该词的专有性或界限性，例如实词的首字母大写、引号或者斜体等形式。相反，汉语专有名词的标记相对较少，可能通过添加范畴词或者使用非"常用字"来作为界限标记等。

但不可否认，汉语里即使是专有名词，界限性似乎也不够强。Beckham 在中国大陆被译为"贝克汉姆"，在香港地区被译为"碧咸"，

---

① 本部分综合了本人指导的翻译专业硕士学位实践报告《*The Beginnings of Art* 翻译实践报告》（戚婧媛 2020）的内容。

在台湾地区被译为"贝克汉"。三地都是使用音译法，形成了约定俗成的译文。不过，这种现象说明英语 Beckham 的界限性和排他性强于三种汉语译名，这种观点可以通过"孙中山"只能译成 Sun Yat-sen 而得到反向论证。

为了做到译文汉语专有名词具有排他性、专有性、界限性，译者必须努力必须严格控制汉语表达形式所承载意义的扩展度，即尽量以形式的辅助来限定意义的扩展。专有名词的汉译现象，能典型地反映英汉翻译会扩展但又需要严格控制扩展度。

首先，我们看看人名的翻译。

在翻译人名时，不仅要考虑人物的性别、国别、所处时代，还要考察其阶级身份，尽可能标记人物身份，提高人名的界限性，控制英语译成汉语之后汉语可能产生的意义扩展或意义溢出，给与读者精确的理解。

人名与其他专有名词一样，其翻译最好是根据约定俗成的原则，约定俗成的译文本身意味着具有界限性，因而查询一些专业词典是非常好的办法。然而，并非所有的人名都能从词典中查到译文，甚至词典里查到的译文还可能产生误导。例如，Descartes 在《世界人名翻译大辞典》[①]中能够找到两种译法："德斯卡特斯"（西）和"德卡尔特"（法）。然而，根据上下文提示，此处 Descartes 是法国哲学家，"笛卡尔"的译名已经得到广泛认可，因此此处不能考虑《世界人名翻译大辞典》的翻译。再如，《世界人名翻译大辞典》中查询不到西班牙语人名 Alcalde del Rio 的翻译。考虑到法语、西班牙语等欧洲语言名字中的 del 是贵族姓氏成分，通常翻译成"德"。故而，我们翻成"阿尔卡尔德·德·里奥"。再如，A. C. Haddon。在必应中检索 A. C. Haddon，得知其全名为 Alfred Cort Haddon，为英国人类学家，因而可译为"英国人类学家哈登"。

从某种意义上来看，上面两个人名翻译都有了一定程度的扩展，即读者能根据译文联想到这些人物的某种身份，但同时，这些身份标记又限制了读者无边际的联想。

其次，我们再说说地名的翻译。

[①] 夏德富（1993，中国对外翻译出版公司）。

对于不常用的地名，首先可以搜索在线世界地图，确定地理位置以及该地名在世界地图上是否存在同名地点；若只有一处，可以查询《世界地名翻译大辞典》[①]，采用约定俗成的方法来确定译文，若词典中没有，可音译。但选字必须注意翻译该国地名时的常用字（却多为日常会话中的非常用字），这些常用字往往就有排他性，若没有常用字可音译，则必须注意所选的字与字之间不能产生额外的含义，即要控制意义的扩展度。若有多处同名地点，译文中可以添加范畴词，如地名+城、地名+洞穴等，必要时还可以添加国家或地区名字等界限标记确定地理位置，提高译文精确度。例如，Altamira 是一个位于多米尼加共和国的港口，也是一个西班牙历史古迹——旧石器时代晚期的岩洞。通过上下文判定 Altamira 位于欧洲后，可在 Altamira 后面标记范畴词"洞穴"，以区分于港口 Altamira。同时，为了明确该地名的地理位置，此处有必要添加"西班牙"，最后译为"西班牙阿尔塔米拉洞穴"。

再如 as the early farmers of Susa or Samarra did。在世界地图上搜索 Susa，得到三个同名地点：分别位于哥伦比亚、意大利和伊朗，在《世界地名翻译大辞典》中检索 Susa，得到译文"苏萨"。同理检索 Samarra 在世界地图上的位置，得到两个同名地点：一是俄罗斯的城市，二是伊拉克的城市，在《世界地名翻译大辞典》中检索 Samarra，得到"萨马拉"。然而，若直接翻译成"苏萨与萨马拉早期的农民"容易给读者带来意义溢出，从而产生不必要的想象空间，极可能将 Susa 和 Samarra 理解成历史时代或帝国王朝。为了提高翻译的精确度，有必要添加范畴词"城"来限定该专有名词是一个城市，避免了意义溢出。同时由于"苏萨城"与"萨马拉城"均是有数千年历史的古城。因此添加"古"一字，突出这两个城市是"历史名城"的特点，同样增加了其界限性和排他性。

同理，书名和物体名等其他名字的翻译，都需要明确英汉两种语言中各自不同的界限以及界限标记，可通过添加范畴词等各种方式，加强汉译专有名词的界限性、排他性、专有性。

[①] 周定国（2008，中国对外翻译出版公司）。

6.2.2 英语动词的翻译和汉语动词的使用

严辰松(2004)指出,英语的很多动词集两个甚至多个语义成分于一身。

①动作+方式,如:

表示飞行或上升:glide, soar, swoop

表示"取(东西)":grab, snatch, seize

表示"非法从别人处取走物品":rob, poach, plunder, shoplift, housebreaking, ransack, loot

表示"吃":swallow, bite, nibble, chew, champ, crunch, feast upon, feed, browse, graze, devour

表示"笑":grin, chuckle, giggle

表示"哭":sob, weep, snivel, whimper, blub

表示"发光":shine, glow, gleam, blaze, ash, sparkle, shimmer, glisten, icker, blink

表示"行走":limp, strut, plod, stagger, march, pace, stride, saunter, stray, creep, wander, lurk, sneak

②动作+结果,如:persuade, surprise, excite

③动作+路径(方向),如:lend, borrow

上面大多数英语动词,在译成汉语时,都需添加状语(严辰松,2004)。

在汉语的使用方面,特别要注意的是汉语动词有衔接功能,例如我们提到多次的**感官动词**:

(3) Through the window, in the faint light of the rising moon, Tara stretched before her, negroes gone, acres desolate, barns ruined, like a body bleeding under her eyes, like her own body, slowly bleeding. (Margaret Mitchell: *Gone with the Wind*)

从窗口向外望,只见月亮正冉冉上升,淡淡的光华照着塔拉农庄在她面前伸展，但是黑人走了，田地荒芜，仓库焚毁，像个血淋淋的躯体躺在她的眼前，又像她自己的身子在缓缓地流血。（戴侃、李野光译）

原文中 in the faint light of the rising moon，是介词短语，但在翻译的时候，加入了"只见"这个词，体现了汉语较强的主体意识。

6.2.3　英语形容词的翻译和汉语形容词的使用

英语形容词与汉语形容词有些差异。英语形容词不能单独做谓语，而汉语形容词是动词的一个次类，可以单独做谓语。因而在翻译英语形容词时需要注意避免原位对译，形成过多的"的"结构，从而造成句子结构不平衡。例如：

(4) They attacked him in various ways; with barefaced questions, ingenious suppositions, and distant surmises; but he eluded the skill of them all; and they were at last obliged to accept the second-hand intelligence of their neighbour Lady Lucas. (Jane Austen: *Pride and Prejudice*)

(a) 母女们想尽办法对付他……赤裸裸的问句，巧妙的设想，离题很远的猜测，什么办法都用到了；可是他并没有上她们的圈套。最后她们迫不得已，只得听取邻居卢卡斯太太的间接消息。（王科一译）

(b) 母女们采取种种方式对付他——露骨的盘问，奇异的假想，不着边际的猜测，但是，任凭她们手段多么高明，贝内特先生都一一敷衍过去，最后她们给搞得无可奈何，只能听听邻居卢卡斯太太的间接消息。（孙致礼译）

(c) 她们从多方面向贝内特先生发起攻势，正面提问啦，巧妙想象啦，迂回推测啦，真可谓用尽心机，但贝内特先生毕竟道高一丈，没让她们的图谋得逞，她们也就无可奈何，只好从邻居卢卡斯夫人那里去打听一些二手信息。（罗良功译）

前面两个译文对译了画线形容词，而译文 c 把三个相应的名词结构翻译成了动词短语结构的小句，削弱了名词结构带来的强界限性和抽象性，也避免了三个"的"字结构使用，相对而言，显得更加符合汉语特点。

6.3　英语虚词的翻译和汉语虚词的使用

6.3.1　英语连词的翻译和汉语连词的使用

(5) "Do you consider the forms of introduction, and the stress that is laid on them, as nonsense? I cannot quite agree with you there. What say you, Mary? for you are a young lady of deep reflection I know, <u>and</u> read great books, <u>and</u> make extracts." (Jane Austen: *Pride and Prejudice*）

(a) "你以为替人家效点儿劳介绍是毫无意思的事吗？你这样的说法我可不大同意。你说呢，曼丽？我知道你是个有独到见解的少女，<u>读的书都是皇皇巨著，而且还要做札记</u>。"（王科一译）

(b) "你以为替人家作作介绍讲点礼仪是无聊吗？我可不大同意你这个看法。你说呢，玛丽？我知道，你是个富有真知灼见的小姐，<u>读的都是鸿篇巨著，还要做做礼记</u>。"（孙致礼译）

(c) "我们说的都是在替别人牵线搭桥，难道都是胡说八道？我对这点不敢苟同。玛丽，<u>你饱读诗书，博闻强记</u>，应该是一位思想深刻的才女了，说说你的看法吧！"（罗良功译）

(6) <u>Although</u> schoolmistresses' letters are to be trusted no more nor less than churchyard epitaphs; yet, as it sometimes happens that a person departs this life who is really deserving of all the praises the stone cutter carves over his bones; who IS a good Christian, a good parent, child, wife, or husband; who actually DOES leave a disconsolate family to mourn his loss; so in academies of the male and female sex it occurs every now

and then that the pupil is fully worthy of the praises bestowed by the disinterested instructor. (William Makepeace Thackeray: *Vanity Fair*)

(a) 一般说来，校长的信和墓志铭一样靠不住。不过偶然也有几个死人当得起石匠刻在他们朽骨上的好话，真的是虔诚的教徒，慈爱的父母，孝顺的儿女，尽职的丈夫，贤良的妻子，他们家里的人也真的哀思绵绵的追悼他们。同样的，不论在男学校女学校，偶然也会有一两个学生当得起老师毫无私心的称赞。（杨必译）

(b) 虽然校长写的信的可信度和墓志铭不相上下，但有时候碰巧也有个别辞别人世的人真的无愧于石匠刻在其遗骸之上的颂词：真的是好基督徒、好父母、好子女、好妻子、好丈夫，死后其家人真的悲悲切切地哀悼他。同样，在男校或女校里，也偶尔有学生也完全当得起老师公正无私的赞扬。（彭长江译）

(7) Mr. Robinson's asking him <u>how</u> he liked our Meryton assemblies, <u>and whether</u> he did not think there were a great many pretty women in the room, <u>and which</u> he thought the prettiest? (Jane Austen: *Pride and Prejudice*)

(a) 鲁宾逊先生问他喜欢不喜欢我们麦里屯的跳舞会，问他是否觉得到场的女宾们中间有许多人很美，问他认为哪一个最美？（王科一译）

(b) 鲁滨逊先生问他对麦里屯舞会的感觉怎样，问他是否认为舞厅里漂亮姑娘不多，问他认为谁长得最美。（罗良功译）

(c) 鲁滨逊先生问他对麦里屯舞会的感觉怎样，一会儿又问他是否认为舞厅里漂亮姑娘不多，一会儿再问他谁最漂亮。

由于汉语界限性弱而英语界限性强，英语中很多词类如连词、介词、关系词都有界限标记的功能，标识英语中界限性很强的结构；汉语的界限性较弱，体现在较少使用甚至省略[①]各种连词，但并不减损句子的连续性、

---

① 本书中的省略是就形式上的消除和意义上的消除。隐含指意义或逻辑关系的隐化。

连贯性和逻辑性。

例 5 中，连续使用了 and，是一种非常规的修辞方法。王译和孙译都对译了第二个 and，一定程度上再现了 and 在本例中具有强界限性的功能。

例 6 中 although 是英语中表示让步的常规用法，杨译把该词带来的界限性通过省略的方式而削弱了，符合汉语连续性的特点，而彭译则仍然有强界限性，这种强界限性，若能削弱，一般还是削弱更好。

例 7 中，原文中两次使用 and 来表示并列关系，同样，表示了比正常可能使用一次 and 时要有更强的界限性，旨在说明鲁宾逊不是连珠炮地追问，而是一会儿问，过一会儿再问。a、b 两个译文并没有反映出原文中两次使用 and 所表现出的强界限性。

6.3.2 英语介词的翻译和汉语介词的使用

英语介词和汉语介词有差异，汉语介词有动词特征，又称为"副动词"，因而英语不论是否是对译为汉语介词，还是采用其他方法，译文往往都会表现出更强的连续性。例如：

(8) She lay reclined on a sofa by the fireside, and with her darlings <u>about</u> her (for the time neither quarreling nor crying) looked perfectly happy. (Charlotte Brontë: *Jane Eyre*)

(a) 她斜靠在炉边的沙发上，心爱的儿女都<u>在</u>身旁（这忽儿既不争吵，又不哭闹），看上去很是快活。（祝庆英译）

(b) 她则斜倚在炉边的沙发上，身旁<u>坐着</u>自己的小宝贝们（眼下既未争吵也未哭叫），一副安享天伦之乐的神态。（黄源深译）

(c) 而她则斜靠在炉边的沙发上，让几个宝贝儿<u>簇拥着</u>（这会儿既不争吵，又不哭闹），一副心满意足的样子。（吴钧燮译）

三位译者都采取了不同的扩展方式来处理 about 这个介词。严格来讲，三者都是把 about her 一起处理的，加强了动作性，增强了连续性。再如：

(9) "I wonder," said he, <u>at the next opportunity of speaking</u>, "whether he is likely to be in this country much longer." (Jane Austen: *Pride and Prejudice*)

(a) <u>等到有了说话的机会</u>，他又接下去说："我不知道他是否打算在这个村庄里多住些时候。"（王科一译）

(b) <u>等到有了说话的机会</u>，他便说："不知道他是否会在这里住很久。"（孙致礼译）

(c) <u>又轮到他讲话了</u>，他只是问道："不知道他在这个地方是否还要待很久？"（罗良功译）

对比三个译文，画线部分的介词短语结构，王译和孙译都将其译成了"等到有了说话的机会"，连续性增强，罗译"又轮到他讲话了"，也很好地传达了原文的意思，增强了连续性，读起来更流畅。

6.4 结语

汉语特殊词类往往与主观意义表达相关，英语特殊词类往往与客观意义表达相关，有界限限定功能；就汉英对应词类而言，汉语词类没有界限标记，也比英语的界限性差。总体上，汉语词类，不管是否与英语对应，都表现出界限性差的特点。

译者有时会不自觉地使用一些主客难分的词，如"把""也""被""可以""几乎""似乎""搞""进行"等，这些词在使用时，有时表达的意义很客观，有时又更主观。英汉翻译时，是否使用妥当，汉语母语译者一般都能识别。但汉英翻译时，很容易构成障碍，本书不做讨论。

另外，英语冠词的翻译以及汉语拟声词的使用，也非常值得注意。为了避免重复，读者可以参考王建国（2019）。王建国（2019）还讨论了英汉叹词、代词和语气词的差异，读者也可以参考。

第七章　译文评价

本章就英汉翻译实践的要求，归纳前面几章，指出系统的翻译原则—策略—方法—技巧，引导译文评价者对译文质量做出判断，从而提高翻译实践能力。

7.1　翻译原则—策略—方法—技巧

综合前面几章来看，与汉民族相比，英民族在思维方式方面个体意识分明，主体意识和客体意识界限清晰，受思维方式影响，英民族的审美方式也讲究精确、聚焦等；在语用方面，英民族重结果，汉民族重过程，同样表现出英民族较强的界限意识；英民族较强的界限意识在语言形式方面更是表现在多形式界限标记、主从结构分明等等。主要内容简列如下：

表 7-1　汉英主要差异

	汉	英
思维方式	界限模糊	界限清晰
审美方式	模糊散焦	精确聚焦
语用原则	重过程	重结果
语言形式	连续而界限模糊	断续而主次清晰

由于英汉界限意识强与弱的对比，为了顺应与英民族交际的需要，英汉翻译的基本原则就是把英民族的强界限意识及其语言形式转换为汉民族的弱界限意识及其语言形式。这原则可称为**"定界—散焦—扩展"**英汉翻译原则，即识别界限及其界限标记。在该原则的指导下，运用"散焦扩展"的策略，通过各种方法，对原文进行解构、重写。

英汉翻译方法和技巧可以分为两种：实践中有意识采用的方法和技巧与翻译结果中表现出的方法和技巧。传统上的翻译方法和技巧相当多的是翻译结果中描写出来的，换言之，并不完全是译者在翻译时主动去做的。当然，这两种方法和技巧似乎很难截然分开，有意识地采用的方法和技巧，若译者水平高了，也可能转换成无意识的，结果中描写出来看起来是无意识地使用的方法和技巧，也可能在特定的场合变成有意识的。实践中主要方法和技巧大致如下表：

表 7-2 英汉翻译策略—方法—技巧

英汉翻译各阶段	扩展策略	主要方法	主要技巧
思维方式	结果表现为语义显化、添加、特殊语境如意识形态等方面作用下的删除，认知上界限呈现连续性状态	主客交融，增强主体意识	添加感官词，使用主观性衔接词
审美方式		减弱界限，平面化	少使用虚词
语用方式		过程取向	回述导致结果的过程
语言形式		构篇：构建篇章话题体系	识别各级别的话题
		构句：依主题选话题，主动构建话题链	使用汉语式话题结构
		选词：选词要匀称	使用四字格

表中，思维方式和审美方式主要是宏观方面的考虑，语用方式是中观方面的考虑，语言形式的选择则包括了文体、语义、意象等方面的再现，也包括了文化信息的处理以及语法结构的使用等微观方面的考虑。

表中的英汉翻译方法和技巧，更多的是与具体翻译语境相关。各种翻译方法和技巧散见于各个章节之中，此处不再赘述。

7.2　译文评价方法

英汉翻译要给一个很客观的译文评价方法是非常困难的。

若只从原文意义来看，做出判断相对还容易一点，但原文意义得到比较忠实再现的，未必效果好。毕竟原文和译文所面对的是不同读者。

另外，一些译者还有自己的考虑，比如要致力于传播英语国家的文化，包括审美方式、价值判断等。那么这些东西对一部分读者来说，不一定是适合的。某些异域感，难保对一些读者产生阻隔感，从而让一些读者自动放弃阅读。

当然，从更大的范围来讲，译者背后还可能有翻译任务的委托人。委托人的意图是否与译者意图一致，也会影响最后的译文。

简言之，评价译文的角度可以包括以下几个方面：译文的功能，是否符合委托人的要求，是否符合读者的兴趣，是否符合作者原意。这些方面的要求对所有翻译而言，并不是完全一致的。委托人可以代表群体意志，也可以代表个人意志。读者可能是清晰的群体或个人，也可能是模糊的群体或个人。作者原意可以是清晰的，也可以是模糊的。鉴于这些原因，要对不同的译本做出评价是不容易的。另外，不同译本的产生，与个人的主客观原因有关，这种原因也是动态的，一个译者在不同的环境中可能本身就会给出不同的译本，其中原因有不同的目的，不同的语境，也有个人在不同时间对不同语境的适应和选择。

我们认为，对译文做出评价，不能轻易判断质量的高低，译文质量的评定必须综合各种因素来判断，而有哪些因素必须考虑，本身就是一个难题。因为评论者非译者，有时是很难知晓译者在整个翻译过程中所遇到的各种环境因素。

本章拟提出几个有共性的角度来对译文进行评价或者欣赏。对译文进行评价，宏观上要考虑译文是否符合译文读者的思维方式和审美方式；中观上，要考虑语用原则差异；微观上，要考虑语法差异以及文化信息的处理。词对词的评价或者过于宏观的评价都可能会言不及物。由于英汉翻译始终是在界限扩展策略下完成的，因而对任何一个角度的评价，都不能离开界限扩展的视野。

整体而言，思维方式是影响翻译最大的因素。这个因素影响到翻译的审美观、语用观，影响原文信息的处理，译文形式的构成，以及有显著差异性的文化信息的处理。我们认为，这些评价翻译的因素大概可以分成两大类：译者共性因素和译者个性因素，译者共性因素又可以分为三个层次，具体情况如下图：

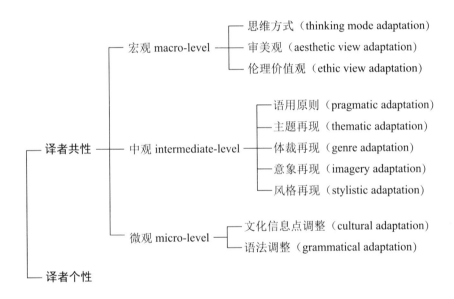

图 7-1　评价英汉翻译的主要因素

假定没有语法错误，我们对多个译本比较的时候，会发现它们可能表意不一致，形式选择不一致，文化信息的处理方式不一致，形成的意象不一致。原因追究起来，源头上是思维方式、审美方式、语用原则差异以及译者个性差异。

若译者来自不同母语国家，评价者还当十分注意前三者对翻译的影响

（英汉翻译的译者绝大多数都是汉语母语译者）。当然，译者所处的时代，其时代里的意识形态及其译者个人的人格都会影响到翻译结果，本书对译者个性与翻译的关系不做细究。

下文将简要介绍主要的译文评价角度。

7.2.1　思维方式转换评价

第二章提到英民族的整体意识和个人意识都很强，这点只看他们的主从结构意识分明就可以得出。但一些不太明显的表现，容易被忽视。例如：

(1) Mr. Robinson's asking him <u>how</u> he liked our Meryton assemblies, <u>and whether</u> he did not think there were a great many pretty women in the room, <u>and which</u> he thought the prettiest? (Jane Austen: *Pride and Prejudice*)

(a) 鲁宾逊先生问他喜欢不喜欢我们麦里屯的跳舞会，问他是否觉得到场的女宾们中间有许多人很美，问他认为哪一个最美？（王科一译）

(b) 鲁滨逊先生问他对麦里屯舞会的感觉怎样，问他是否认为舞厅里漂亮姑娘不多，问他认为谁长得最美。（罗良功译）

(c) 鲁滨逊先生问他对麦里屯舞会的感觉怎样，一会儿又问他是否认为舞厅里漂亮姑娘不多，一会儿再问他谁最漂亮。

由于汉语界限性弱而英语界限性强，英语中很多词类如连词、介词、关系词都有界限标记的功能，标识英语中界限性很强的结构；汉语的界限性较弱，体现在较少使用各种连词，但并不减损句子的连续性、连贯性和逻辑性。原文主句谓语动词 is asking，画线部分的连接词和关系词，使得英语句子主次分明、结构清晰。

译文 a 和 b 处理关联词修饰的后几个半句都是用"问他"开头，符合中文排比句式。但是，原文中两次使用 and 来表示并列关系，其实表示了比正常可能使用一次 and 要更强的界限性，旨在说明鲁宾逊不是连珠炮地

追问,而是一会儿问,过一会儿再问。两个译文并没有反映出原文中两次使用 and 所表现出的强界限性。再如:

(2) Time was a swiftly flowing river that had no shore, no boundaries. Its seasons were not winter, spring, fall or summer, but birthdays and joys and troubles and pains.(转引自刘全福,2018)

(a) 岁月是一条无边无涯的湍流。一年四季不是冬去春来,夏尽秋至,而是生日与欢愉相伴,烦恼与痛苦共生。(转引自刘全福,2018)

(b) 岁月是一条无边无涯的湍流。一年四季不是冬去春来,夏尽秋至,而是见证新生命的诞生,见证欢乐,见证忧愁,见证苦痛。

no shore, no boundaries 之间无连词 and,而 birthdays and joys and troubles and pains 之间有三个,这说明前者的节奏快,后者的节奏慢。

no shore, no boundaries 合并翻译为"无边无涯"也算是一种快节奏复制。但 birthdays and joys and troubles and pains 要反映慢节奏,通过反复使用"见证"译为"见证新生命的诞生,见证欢乐,见证忧愁,见证苦痛"是不错的选择。这种选择一定程度上反映了 and 作为英语界限标记的修辞功能。

7.2.2 审美方式转换评价

(3) And in spite of his asserting that her manners were not those of the fashionable world, he was caught by their easy playfulness. (Jane Austen: *Pride and Prejudice*)

(a) 虽然他嘴上一口咬定她缺少上流社会的翩翩风采,可是她落落大方爱打趣的作风,又把他迷住了。(王科一译)

(b) 尽管他一口咬定她缺乏上流社会的风度,可他又被她那大大落落的调皮劲儿所吸引。(孙致礼译)

(c) 尽管他曾断言说她的风度与上流社会格格不入,却被她落落

大方活泼幽默的气质所倾倒。（罗良功译）

例3原文中的"playfulness"是一个浓缩了多种意义的抽象化程度高的派生词，体现出了英语精练、抽象化的特点。在翻译时，译者往往需要根据语境显化其中含义。译者都对原文的"playfulness"进行了语义扩展，王科一译为"爱打趣的作风"，罗良功译为"活泼幽默的气质"，孙致礼译为"调皮劲儿"，三位译者的译文都做了具象化的处理，符合汉语表达。

当然，从忠实的角度来看，具象化地处理抽象化的表达，未必是完完全全的忠实，从流畅的角度来看，三位译者都对译了原文的名词结构。名词的特点就是概念化、精确化，若把此处翻译成形容词性的结构，如"可她落落大方，风趣幽默，却把他给迷住了"（去掉了稍长的修饰语，去掉了"的"结构，结构更加匀称），就会让汉语译文更有连续性，更加流畅。不过，是忠实导向多些，还是流畅导向多些，是个仁者见仁、智者见智的问题。

(4) It depicted simply an enormous face, more than a metre wide: the face of a man of about forty-five, with a heavy black moustache and ruggedly handsome features. (George Orwell: *1984*)

(a) 图片上是一张超过一米长的汉子的脸，看来四十五岁模样，留着浓浓的小胡子，轮廓还算粗犷中带细。（刘绍铭译）

(b) 画的是一张很大的面孔，有一米多宽：这是一个大约四十五岁的男人的脸，留着浓密的黑胡子，面部线条粗犷英俊。（董乐山译）

原文主次分明，犹如一张画，焦点在 an enormous face，其他为辅助成分，并通过使用“：”"with"等结构明示出来。董乐山的译文对译了“：”结构，但没有对译 with 结构。刘译则分别使用了"看来"和"留着"把这两个有层次感、有立体感的结构都平面化了，使得译文读起来更加流畅。这样，对照原文，董译更忠实；对照译语，刘译更流畅。同样，是忠实导向多些，还是流畅导向多些，是个仁者见仁、智者见智的问题。

7.2.3 译者价值观

孙致礼（2001）认为，根据当前的国际形势、我国国情、国策以及文学翻译使命等，文学翻译的策略应该是异化为主，归化为辅。例如：

（5）But you is all right .You gw yne to have considable trouble in y o' life, en some times you gwyne to git sick; but every time y ou' s gwy ne to git well ag in. (Mark Twain: *The Adventures of Huckberry Finn*)

可是你的八字还不错。命中有不少凶险，可也有不少吉利，有时候你会受伤，有时候会得病；可是回回儿都能逢凶化吉。（张友松、张振先译）

根据他的文化翻译观，孙致礼（2001）认为，尽管这段文字译得非常地道、晓畅，但是"八字"本是中国星相家的算命方法，将其塞到美国人嘴里，属一种文化错位，使读者误以为美国人也讲汉民族的算命。因此，这句话还是译为"你的命还不错"为好。再如：

（6）"I bet you can't spell my name," says I.

"I bet you, what you dare I can," says he.

"All right," says I, "go ahead."

"George Jaxon—then now," says he. (Mark Twain: *The Adventures of Huckleberry Finn*)

"我敢说你准不知道我的名字是哪几个字，"我说。

"我敢说你这可难不住我，我知道，"他说。

"好吧，"我说，"你说说看。"

"荞麦的荞，自治的治，清洁的洁，克服的克，孙子的孙——怎么样，"他说。（张友松、张振先译）

孙致礼（1999）认为，译文很容易导致读者误以为英文用的也是方块字。他认为，50年代或许这种译文还可以接受，但现在应老老实实译成：

151

"我敢说你不会拼我的名字,"我说。
"我敢说,你能行的事儿我也行,"他说。
"那好,"我说,"就拼拼看。"
"G-e-o-r-g-e J-a-x-o-n,怎么样,"他说。

不同的时代,有不同的主流价值观。不同的译者,也有不同的价值观。在看待一个人的译文时,不能少了译者个人价值观的视角。

张经浩(1999)对比了他本人不同时间翻译的两个《爱玛》译本,转引如下:

(7) "My picture! …But he has left my picture in Bond-street."
"Has he so! … depend upon it the picture will not be in Bond-street till just before he mounts his horse tomorrow…"

"我的画像!可他早已把我的画像留在邦德街了。"

(a)"哪儿的话!……你放心,在他明天上马之前,那幅画像是不会放在邦德街的。……"(1984)

(b)……你放心,他明天才能骑上马,那幅画像怎么就放到了邦德街呢?……(1998)

张经浩(1999)认为,原译有翻译腔,新译的语气更加强烈。我们在第4章提到,汉语重过程,英语重结果。从这个角度来看,张经浩的新译实际上是采取了过程视角,符合我们提到的 n-1 翻译原则:疑问句比陈述句更加过程取向,因为先有问而后有答。再如:

(8) He is an excellent young man, both as son and brother.

(a) 无论作为儿子还是哥哥,他都算得上一个好青年。(1984)

(b) 这年轻人是好样的,既是他母亲的好儿子,也是他妹妹的好哥哥。(1998)

(9) Jane was forced to smile completely, for a moment; and the smile partly remained as she turned towards him, and <u>said in a conscious, low, yet steady voice</u>, ...

　　(a) 简再也忍不住了，笑了起来。等转身对他说话时那笑容还挂在嘴边。她以清醒、低微而稳定的声调说：……（1984）

　　(b) ……她心中有数，然而不慌不忙地低声说：……（1998）

例 8 中，显化了"母亲的""妹妹的"等信息，并使用了对称结构"既是……也是"。例 9 抛弃了长定语"清醒、低微而稳定的"，并添加了两个四字格"心中有数""不慌不忙"，增强了译文的匀称感。两个译文都提高了流畅性。

7.2.4　语用转换评价

英汉语言在语用上存在着差异，英语母语者往往隐含过程语义，直取结果，甚至在汉语意义的基础上推进一步或几步；而汉语母语者侧重于明示事件发生的过程。因此，在英译汉的过程中通常会采取"n–1"的翻译策略。例如：

(10) <u>Withdrawing</u> his other hand from Mr. Bumble's, he covered his face with both, and <u>wept</u> until the tear sprung out from between his chin and bony fingers. (Charles Dickens: *Oliver Twist*)

　　(a) 他<u>直接把</u>自己的另一只手从班布尔的掌心里<u>抽出来</u>，掩面<u>痛哭</u>的他可以看到泪滴在瘦骨嶙峋的指尖涌出。（荣如德译）

　　(b) 他<u>索性把</u>自己的手在班布尔的袖口<u>缩回来</u>，双手掩面<u>痛哭</u>，可以看到眼泪从他纤细的指尖涌出。（何文安译）

两位译者对原文中 withdrawing 和 wept 这两个动作都进行了一定程度的扩展。在荣如德的译本中 withdrawing 被扩展为了"直接把……抽出来"（方式＋动作＋结果），wept 扩展为了"痛哭"（方式＋动作），在何文安的译文中 withdrawing 被扩展为"索性把……缩回来"，wept 也扩展为了"痛哭"。两位译者不约而同的处理方式，都符合中文的行文习惯，可读性较强。再如：

(11) They held the funeral on the second day, with the town coming to look at Miss Emily <u>beneath</u> a mass of bought flowers, with the crayon face of her father musing profoundly <u>above</u> the bier and the ladies <u>sibilant</u> and <u>macabre</u>; ... (William Faulkner: *A Rose for Emily*)

(a) 第二天她们举行葬礼，满城人都来看艾米莉小姐，她<u>躺在</u>买来的一大堆鲜花下，<u>挂在</u>棺椁上方的那张父亲的粉笔画肖像意味深长地沉思着，太太们<u>低声讲话</u>，阴阴惨惨；……（杨瑞、何林译）

(b) 他们第二天就举行了丧礼，全镇的人都跑来看<u>覆盖着</u>鲜花的爱米丽小姐的尸体。停尸架上方<u>悬挂着</u>她父亲的炭笔画像，一脸深刻沉思的表情，妇女们叽叽喳喳地<u>谈论着</u>死亡，……（杨岂深译）

原文中出现了两个介词 beneath 和 above，对于第一个词，文中想要表达的是 Emily 小姐的尸体的状态，是处于鲜花的下面，表达的是一种结果状态。同样，第二个词想要表达的是她父亲的照片处于棺材的上方，也是一种表结果的状态。在两个译文中，译者都将二者翻译为动词，"躺在／覆盖着"，"挂在／悬挂着"，体现了汉语的过程取向。之后出现了两个形容 ladies 的词 sibilant and macabre，是两个表示结果的形容词，两个译者也都进行了动词化处理，译为"低声讲话／谈论着"。

7.2.5 体裁再现评价[①]

不同的体裁文本各有特征，诗歌最好要翻译成诗歌，戏剧最好要翻译成戏剧。本节引用薛范（2002）在《歌曲翻译探索与实践》中所讨论的内容，以彰显体裁不同，翻译所需要的规范也不同。

[①] 此小节根据王建国（2006）一文"戴着'紧箍咒'的翻译艺术——《歌曲翻译探索与实践》评介"改写。

在配合节奏上，薛范指出，"儿""子"等字不易发声；虚词不宜落在强拍上；音译专名必须尽量保证译文落在原节拍上；歌词中的衬词，如 oh, sir 等，视情况可不译；翻译疑问句时，忌用"吗""呢"等轻声字。

在选词上，同音或音相近的词不宜安排在一起；肮脏词语、非诗语言不可入歌；须遵守汉语歌曲的写作规范，尽量避免同字相犯；"了""的"等词通常不入韵，等等。同时，词语组合的句逗（句号和逗号）和气口（歌唱时的换气处）与音乐的停顿和呼吸必须相吻合，或者语言的逻辑重音和音乐的重拍必须相吻合，避免形成"破句"现象。例如，下面一行词唱起来就形成了破句现象："小，雨像一，首飘逸，的小诗"。

4/4　3 － 1 2｜3 － 5 6｜4 － 3 2｜4 - - 0｜
　　小　雨像一　首飘逸　的小诗，

在配合表演上，为了满足表演的需要，译文词语必须对应于原唱词中相对应的词语的音符；表现慷慨激昂的豪兴，则选择刚柔声调中的宽洪韵；表现内在、委婉的抒情情调，则选择洪细声调中的细柔韵。

为了更好地彰显歌曲翻译特征，薛范做了以下区分：

（一）**区分歌词翻译和歌曲翻译**。薛范认为，歌词翻译一般指不强调配曲和歌唱的歌词语言翻译，其只要通过对原歌词的立意、形象、语言、结构等等的理解和把握就可以完成；而歌曲翻译必须体现译词和音乐的统一性，其中"配歌"是歌曲翻译成败的决定因素。

（二）**诗和歌词及其翻译对比**。薛范提出诗和歌词都具有音乐性，但是，译歌与译诗最根本的不同在于，译诗可以以"顿"代"步"，而歌曲译文的字数应取决于乐曲的音符数，译文的气息（"顿"）必须和乐曲的节奏相一致，译文词语的声调必须和乐曲旋律的音调相吻合。

（三）**歌曲翻译和歌词创作对比**。薛范认为，相对歌曲翻译而言，歌词创作更具有灵活性。歌曲翻译的对象是外国歌曲，其曲和词先于翻译的存在而存在。原曲的曲式结构制约译配词的句式结构；原曲的节奏决定译配词的顿歇和句逗；原曲的旋律左右译配词的声调和韵律。

（四）**外语歌词和汉语歌词的韵律对比与译配**。薛范指出，西方歌曲词句中的重音节必然安排在音乐的强拍或相对的强拍上,而汉语词组的重音在头一个字,因此配歌也往往必须把头一个字安放在强拍下,否则容易造成无法演唱的"倒字"现象(当音乐的强拍和歌词的重音错位,就会形成"倒字"现象)。例如:

4/4　|3　3　6　6|
　　　ˈEng- lish

汉语诗歌基本以"十八韵"和"十三辙"(参见薛范:P83—84)为押韵准则,译配歌词也一样。但是,歌词用韵往往必须采用一韵到底的韵式,避免韵脚出现同字和末尾脱韵,并与歌曲风格表现以及演唱相结合。

(五)**歌曲译配和影视译配对比**。前者最终是配乐,后者最终是配音。两者都要受制于非语言因素;歌曲译配词受制于音乐的起伏、音乐的句逗、乐句[①]的长短等;影视译配词则受制于角色的语言节奏和长度、语气和气口、表情和动作等。

(六)**歌曲翻译与歌剧翻译对比**。歌曲翻译要比歌剧翻译宽松得多,尤其是译配分节数,前后的句子甚至可对换。但是,关键词的位置必须尽量不动。

(七)**汉语特有的"字调"语音现象**。由于汉语有高低升降的声调,而西方语言多数没有,因而译者配汉语时,不仅要顾及歌词的节律(句逗),而且还必须顾及汉语歌词的声调。曲调和歌词的声调相配,为"正字";如果曲调和字调不相般配,就是"倒字"。"倒字"容易造成听众听歌时因曲调改变字调而误认为它字,从而造成误解。能否避免"倒字",是评判配歌优劣成败的最重要的标准之一。

薛范强调,歌曲的翻译原则必须遵循翻译的共性原则,尤其是等效原则,因此,歌曲译配的最高境界就像是外国作曲家直接根据汉语歌词谱曲。另外,作者对歌曲中的中外文化差异进行了探讨,强调歌曲翻译的再创造性,以及歌词语言的时代性。 同时,薛范还论证了歌曲的可译性和翻译

---

① 乐曲结构中最小的单位为"动机",两个或两个以上动机为"乐节",两个或两个以上乐节为"乐句",若干乐句构成具有一定独立性质的"乐段"。

的必要性，编写了歌曲翻译史，填补了歌曲翻译史研究的空白。

就把握歌曲翻译中的节奏感而言，薛范提出，为了做到译词和原曲的完美结合，译者必须服从于原作者已框定的旋律走向、节奏类型和节拍；为了避免造成破句、断句，译配歌词时，词语组合的句逗和气口必须与音乐的停顿和呼吸相吻合，语言的逻辑重音必须与音乐的重拍相吻合。为此，译配歌曲时，词和曲在节奏上的结合应注意：（1）译文的字数应与原文的音节数相等；（2）译文的句逗应与原曲的句逗一致；（3）译文的顿挫应与原曲气口和呼吸一致。

除了薛范上述观点之外，我们认为，歌曲翻译还需要关注多声部歌曲的翻译。试想，在合唱时，有男声，有女声，有多个声部，那么，这样的多声部歌曲翻译会有什么特点呢？另外，歌曲翻译也需要关注歌唱演员的感受。歌唱演员的感受影响译配词的修改从而影响歌曲的可唱性。因为不仅歌手的音域、音色等都因人而异，而且民族、美声、通俗唱法也各有特点。孙慧双（1999：30）谈到歌剧翻译时，非常强调和演员交流并根据演员的反馈修改译文，这点值得歌曲译者借鉴。

我们认为，一个优秀的歌曲翻译家除了具备扎实的汉语和外语功底、良好的音乐素养之外，最好能表演、能演唱多种形式的歌曲，并有舞台经验，这样就能更好地体会演员的感受，甚至预见到歌曲的节律与内涵所可能配备的舞台动作，在一定程度上配合演员的表演。毕竟，演员的舞台动作和歌词与曲的配合就像电影配音一样要和人物的动作和口形一致。

7.2.6 主题再现评价

主题再现，牵涉到方方面面。这里以张经浩提到的两个案例为例。这两个案例都说的是篇章标题的翻译，应该说与篇章主题的再现十分相关。

张经浩（2011）提到，多数翻译家将欧·亨利的短篇集 *Cabbages and Kings* 译为"白菜与帝王""白菜与皇帝"，如伍光建、王永年等。但 *Cabbages and Kings* 这个集子从头至尾既没有白菜，也没有帝王或皇帝。全集共有短篇小说19篇，都描写发生在一个虚构的南美岛国的事，但相互间的联系却非常松散。

张经浩指出，cabbages and kings 是一个习惯用语，陆谷孙先生主编的《新英汉词典》释义为"形形色色的事物和话题"，这个释义与欧·亨利小说集的内容完全吻合，为了提高可接受性，可译成"东拉西扯"。

第二例，欧·亨利的短篇集《乱七八糟》（*Sixes and Sevens*）中小说 *Witches' Loaves* 几乎都译为"巫婆的面包"。然而，这篇小说并未出现巫婆，讲的是一个大龄未婚女对一个顾客有好感，但好心办了坏事。因而，从故事内容上来看，因为大龄未婚女不小心做错了一件事就称其为巫婆有些过分。在查阅了 *Webster's New World College Dictionary*（有个释义为 a bewitching or fascinating woman or girl）、*The New Oxford Dictionary of English*（有个释义 a girl or woman capable of enchanting or bewitching a man）、梁实秋的《远东英汉大辞典》（有个释义为"美丽迷人的女性"）之后，考虑到四十多岁的女性不会有多美丽迷人，且小说中没有主人公美丽迷人的交代，张经浩认为那位大龄女只是想赢得男顾客的好感，是自作多情办了坏事，所以译为了"多情女的面包"。

7.2.7　意象再现评价

(12) "You don't want to lose Larry altogether, do you?"
She shook her head. (William Somerset Maugham: *The Razor's Edge*)
"你不想完全失掉拉里，是吗？"
她点头。（周煦良译）

孙致礼（1999）认为，原文明明是"摇头"，译文不应该改成"点头"，应该修改为：

"你并不想完全失掉拉里吧？"
她摇摇头。

我们认为，这涉及意象的变更。原文是 shook her head "摇头"，而周的译文是"点头"。若本案例是发生在影视翻译中，观众能明显感到"点头"

的表述不能对应演员的实际动作。

其实，若不考虑影视翻译这种动作与语言对应要求一致的情景时，我们可能会发现，原文似乎翻译成"她点点头"和"她摇摇头"都无不可。

我们认为，"You don't want to lose Larry altogether, do you?"，英美人对此摇头是否定 I want to lose Larry altogether，用英语表述可以还原为 I don't think you want to lose Larry altogether，而汉民族对此点头是肯定"我不想失去拉里"（I don't want to lose Larry altogether），用汉语表述可以还原为"我认为，你不想完全失去拉里。"

一个问题，两种反映，反映了英语是否定过程（I don't think），从而否定结果（I want to lose Larry altogether），即不会存在该过程而导致的结果，而汉语否定结果（I want to lose Larry altogether），却是肯定了这个否定式的结果（"你不想完全失去拉里"）存在，从而预设了过程（"我认为"）的存在。据此分析，这里一个问题、两种反映，仍然体现了英语重结果，汉语重过程。

（13）The two gigantic negroes that now laid hold of Tom, with fiendish exultation in their faces, might have formed no unapt personification of powers of darkness. (H. B. Stowe: *Uncle Tom's Cabin*)

这时，那两个高大的黑人把汤姆一把抓住，脸上流露出魔鬼般的喜悦神色（那模样活像是<u>阎罗王再世</u>）。（黄继忠译）

孙致礼（1999）指出，这种译法混淆了"阎罗王"是佛教、也是中国冥界的主管，而基督教的魔鬼是撒旦。这种混淆会产生文化误导。在我们看来，就是改变了魔鬼的意象。

7.2.8　文化信息的处理评价

文化信息，相对而言，有显性的，也有隐性的。对译文文化信息翻译的评价，向来是一个很棘手的问题。若不采取对译的方法，容易获得对原语文化进行殖民或阉割的罪名，若采取对译方法，则容易获得不顾译文读者的罪名。因而，由于译者受到多种因素的掣肘，要判断一个译者的文化信息翻译策略，往往要结合译者的各种社会环境来进行。

(14) "My dear Mr. Bennet," said his lady to him one day, "have you heard that Netherfield Park is let at last?" (Jane Austen: *Pride and Prejudice*)

有一天，班纳特太太对她的丈夫说："我的好老爷，尼日斐花园终于租出去了，你听说过没有？"（王科一译）

孙致礼（1999）认为，把"My dear Mr. Bennet"译成"我的好老爷"容易产生误导，因为18世纪的英国妇女不会称自己的丈夫为"老爷"。所以，此处译为"亲爱的贝内特先生"更好。

(15) "I know, Dad," she said, "I'm a selfish pig. I'll think about it ..." (J. Galsworthy: *A Modern Comedy*)

(a) "我知道，爹，"她说，"我是头自私自利的猪。我会考虑这个问题的。……"（汪偶然译）

(b) "我知道，爸爸，"她说："我是个自私自利的蠢人。我会考虑这件事的。……"（陈冠商译）

孙致礼（1999）认为，在英语中，pig 有贪婪、自私和肮脏的含义，但其贬义不如汉语"猪"强，因而，第一种译文中一位大家闺秀自称为"猪"是不可理喻的，而第二种译法则有更高的接受度。

7.2.9 风格再现分析

受制于两种思维方式、审美方式等方面的差异，要再现原文风格，几乎是不可能的事情。但是，不同民族之间也存在很多方面的共性，因而部分再现原文风格还是有可能的。

(16) Reading maketh a full man; conference a ready man; and writing an exact man. And therefore, if a man write little, he had need have a great memory; if he confer little, he had need have a present wit; and if he read little, he had need have much cunning, to seem to know that he doth not. Histories make men wise; poets witty; the mathematics subtle; natural philosophy deep; moral grave; logic and rhetoric able to content. *Abeunt studia in mores.* Nay there is no stond or impediment in the wit, but may be wrought out by fit studies: like as diseases of the body may have appropriate exercises. Bowling is good for the stone and reins; shooting for the lungs and breast; gentle walking for the stomach; riding for the head; and the like. So if a man's wit be wandering, let him study the mathematics; for in demonstrations, if his wit be called away never so little, he must begin again. If his wit be not apt to distinguish or find differences, let him study the schoolmen; for they are *cymini sectores*. If he be not apt to beat over matters, and to call up one thing to prove and illustrate another, let him study the lawyers' cases. So every defect of the mind may have a special receipt. (Francis Bacon: *Of Studies*)

(a) 读书使人充实，讨论使人机敏，做笔记使人精确。

不常做笔记的人须有很强的记忆力，不常讨论的人须有急智，不常读书的人则须十分乖巧，方能不知而佯作知之。

读历史使人明智，读诗使人机灵，数学使人周密，自然科学使人深刻，伦理学使人庄重，逻辑与修辞使人能言善辩。专心治学者，性格也受陶冶。

心智方面的种种障碍，无不可读适当的书加以排除，正如身体百病，皆可以适当的运动治疗。

滚球利睾肾，射箭利胸肺，慢步利肠胃，骑术利头脑，诸如此类。

如若思想不能集中，可让他学数学；因为在演算时思想稍有旁骛，就须重新做起。

如若不善于析难辨异，可让他学经院哲学，因为那些哲学家无不讲究细节。

如若他粗枝大叶，不善于以一事论证和阐述另一事，可让他读律师的案卷。

由此可见心智方面的任何缺陷都有良方可治。（王楫译）①

(b) 读书使人充实，讨论使人机智，笔记使人准确。

因此不常做笔记者须记忆力特强，不常讨论者须天生聪颖，不常读书者须欺世有术，始能无知而显有知。

读史使人明智，读诗使人灵秀，数学使人周密，科学使人深刻，伦理学使人庄重，逻辑修辞之学使人善辩：凡有所学，皆成性格。

人之才智但有滞碍，无不可读适当之书使之顺畅，一如身体百病，皆可借相宜之运动除之。

滚球利睾肾，射箭利胸肺，慢步利肠胃，骑术利头脑，诸如此类。

如智力不集中，可令读数学，盖演题须全神贯注，稍有分散即须重演；

如不能辨异，可令读经院哲学，盖是辈皆吹毛求疵之人；

如不善求同，不善以一物阐证另一物，可令读律师之案卷。

如此头脑中凡有缺陷，皆有特药可医。（王佐良译）

(c) 读书使人充实，讨论使人机敏，写作则能使人精确。

因此，如果有人不读书又想冒充博学多知，他就必须很狡黠，才能掩饰无知。如果一个人懒于动笔，他的记忆力就必须强而可靠。如果一个人要孤独探索，他的头脑就必须格外锐利。

读史使人明智，读诗使人聪慧，演算使人精密，哲理使人深刻，道德使人高尚，逻辑修辞使人善辩。总之，"知识能塑造人的性格"。

不仅如此，精神上的各种缺陷，都可以通过求知来改善——正如身体上的缺陷，可以通过适当的运动来改善一样。

例如打球有利于腰背，射箭可扩胸利肺，散步则有助于消化，骑术使人反应敏捷，等等。

同样，一个思维不集中的人，他可以研习数学，因为数学稍不仔细就会出错。

---

① http://www.wendangku.net/doc/6f8a35030740be1e650e9a89-5.html

缺乏分析判断力的人，他可以研习形而上学，因为这门学问最讲究繁烦辩证。

不善于推理的人，可以研习法律案例，如此等等。

这种种心灵上的缺陷，都可以通过求知来治疗。（何新译）

越接近现代汉语，其使用的连接词越多，即界限标记使用越多，界限性越强。反之，越接近文言文，其连接词使用越少，界限性越弱，即连续性越强。应该说，以上三个译文从仿古的角度来看，王佐良的译文最接近文言文，其次是王楫的译文，再次是何新的译文，因而，还是感觉到王佐良的译文更为符合汉语的精练、平面审美特征。另外，从接受度来讲，王佐良的译文显然也为广大读者所熟知。但对照原文所表现出的强界限性而言，其他两个译文显然要更贴近原文。

应该说，三个译文为了获得效果对应，都使用了大量符合汉语审美特征的语言形式，如：对偶、四字结构，少用虚词，遵循了英汉翻译的扩展策略。但这些相比英语而言，例如词汇的重复使用、过程显化，都可视为冗余，这并不符合原文的风格。

因而，风格对应，效果未必对应；效果对应，风格未必对应。效果对应，是各自符合了各自语言的审美要求，而未必是风格对应之要求。这三个译文都是在效果对应和风格对应之间取了一定刻度值的结果，有些稍偏于效果，有些稍偏于风格，但都无法两全。

7.3 结语

根据以上九个角度，在压缩意识的观照下，对一篇译文或多篇译文进行评价。我们无法对每个角度的质量进行量化，从而做出整体判断，因为每个角度都是全部译文作为有机整体所不可缺少的一部分，无法厚此薄彼。

上文提出的九个方面的评价角度，对译文可以做出较为清晰的判断，但不一定需要时时说出孰优孰劣（尽管本文中多有判断）。这九个方面，相互关联，构成一个较为完整的体系。当然，译文评价者并非总是会关注每个方面，有时每个方面也未必在译文中有显著表现，因而对一个译文的综合判断，往往是相对的。

当前，译界比较关注意识形态对翻译实践的影响，例如对待译作品的选择等。本书主要关注英汉翻译中的共性问题。意识形态对翻译的影响，本书虽然没有全面说明，但也有所涉及。另外，译者个性对翻译的影响本书也不做详细分析。

附 录[①]

I. 略论英汉翻译腔的积极作用[②]

1 何谓翻译腔

翻译腔素来多为贬义词。**汉语语境中对翻译腔的定义往往只与不通顺相关，不太涉及内容的表达。**林语堂（1932/1984）提到，过分直译会导致翻译腔，且"决不能达到通顺结果"。陆谷孙等（2007:2158）则把翻译腔定义为"表达不流畅、不地道的翻译文体和佶屈聱牙的翻译语言"。潘文国（2008:44）认为，翻译腔"缺乏汉语特有的韵律，句子大都冗长，不符合人的呼吸节奏"。

相反，西方的翻译腔概念主要强调内容和效果不忠实。例如，最初由Nida 和 Taber（1982:208）提出，称之为"translationese"，给出的定义为：在形式上忠实，在功能上对原文信息的内容和效果并不忠实。Hatim 和 Munday（2004:12）总结了前人（如 Duff, Newmark 等）的相关定义，指出翻译腔乃是译文受原文语法形式影响过大的结果，其无法达致与原文对应的功能和效果。

[①] "附录"部分除了第一大部分的参考文献列入全书的参考文献之外，两个硕士学位论文中出现的文献都略去。另外，目前我们已经发现有多个学校的学生采用本书的相关观点完成了学位论文，本书只选取两个实例，其他的，请读者自行参阅。
[②] 摘编于"王建国、徐洁（2018）．英汉科技翻译中翻译腔存在的理据 [J]．翻译教学与研究（1）：29—33．"

我们认为，形式、功能和内容是互为关联的，内部关系具有一致性。翻译腔的问题要将三者统一起来考察才有意义。若不添加翻译腔形式所表达的内容及其功能为参数进行判断，是很难断定某种形式是否为翻译腔，或者说某种形式是被滥用的。以"的"的使用为例。"的"字的滥用往往被视为英译汉中翻译腔的一大表现。余光中（2002）曾发表《论的的不休》一文，对白话文文学作品中"的"字的高频率使用进行了曝光和批评。然而，需要指出的是，该文仅针对文学类作品，而不加区分地将其用来否定科技翻译中"的"字的使用则有待商榷。

例如，黄忠廉、许萍（1997:40—41）对不同年代不同文体的 22 部汉译作品和 3 部汉语著作（其中文学类译/著作 10 部，科普类译作 5 部，社科类译作 7 篇，科技类译作 3 部）中"的"字的总数、结构总数、结构平均数以及偏正结构中含"的"字的偏正结构数量进行了统计。结果表明：（1）从明清到 20 世纪 90 年代期间，所有文体后期的译作在"的"字的使用率上基本都有明显的增长；（2）不同文体间"的"字的使用频率也有明显差异。其中相较文学类（1.059）和科普类（1.045），科技类译作结构平均数更大，为 1.062。

沈家煊（1995:367—380）曾指出，"的"具有"使无界变为有界的功能"。而石毓智（2000:47—50）则列举了不能加"的"和必须加"的"的短语结构，指出"程度词＋形容词"（如"很大的树"），重叠式或生动式（如"老老实实的人"），以及表示事物三维性质或质量的（如"一吨重的煤"）这三大类形容词作名词定语时"的"字均不可省略，从而归纳出"的"的基本语法功能：确认某个认知域的一个或多个成员。可见"的"字常被视为界限标记，与语言的离散性有关。因而，黄忠廉、许萍（1997:40—41）的研究成果表明，汉语的表达在不断地精确化，同时，他们的研究还表明，"的"字的使用频率与其在表达不同内容的文本中承载的功能也不无关系。科技类译作之所以使用"的"的频率高而文学类译作使用频率低，原因在于需要精确表达的科技文本更需要通过使用界限标记来清晰地表达不同内容之间的关系，而文学类文本恰恰是以追求模糊的艺术美为目的，减少使用界限标记是达到这一目的的重要手段之一。例 1（方梦之，2011:71）能明显反映出界限标记的使用对译文内容表达的影响：

（1） Those who moved to colder climates developed light skin to take advantage of the sunlight for the synthesis of vitamin D.

(a) 迁移到较冷地带<u>的</u>人生成较白<u>的</u>皮肤，以利用日光来合成维生素 D。

(b) 迁移到较冷地带人生成较白皮肤，利用日光来合成维生素 D。

原文中，who、to、for 等引导了不同的语法结构，分别可看作是定语从句、动词不定式和介词短语等结构的标记，也是表述这些结构的界限标记，都具有界限标记功能；译文 1a 中，出现了两个"的"，一个对应 who，另一个衍生于 light skin 结构中的 light。如若舍去译本中的"的"，如 1b，译文不仅生涩难懂，表述的意思也会出现偏差，因为这两个"的"显然具有界限标记功能，起到了石毓智所言的"确认某个认知域的一个或多个成员"的作用。

然而，文学翻译中界限标记的使用往往具有更大的局限性。以"的"字的使用，并结合连词的使用为例（李立玮，2004：18—19）：

（2） When you are old and grey and full of sleep,

(a) 当你老了，头发花白，睡意沉沉，

(b) * 当你老了，<u>而且</u>头发花白，<u>而且</u>沉沉的睡意，

原诗选自英国诗人叶芝的 When You Are Old，其诗歌语言的特点是朦胧甜美而略带忧郁，往往是微妙和带有暗示性的。原句用了两个连词 and 和一个 full of 结构，读来朗朗上口，将读者带入想象的空间——"你"老去时安静的样子，颇具朦胧的美感。而汉译则省去了这些界定标记，由 3 个分句构成，娓娓道来，与原句异曲同工。如果在翻译时还原连词 and 和介词 of，与原文本对应变为 2b，诗句的意境则大大被破坏，不符合文学作品追求模糊美的准则。

再以连词在英汉科技翻译中的作用为例。在例 2 的英汉文学翻译中，2b 因为添加连词，使得译文无法体现文学性，但英汉科技翻译中，连词

的使用往往是必要的。例如（贾文波，2004：214—215）：

(3) Induced demand, <u>which</u> is totally new demand for travel created by the introduction of a new travel option, generates controversy owing to the paucity of corroborative historical data, roadblocks to defining and quantifying such demand even <u>where</u> data exist, and methodological difficulties.

(a)"诱发需求"是引入新的运营方式后出现的一种全新需求模式，<u>但</u>由于缺乏确凿的历史资料，并且即使有了现成资料也难以明确和量化，<u>再</u>加上统计方法上有难度，<u>因而</u>至今人们对此仍有争议。

(b) *"诱发需求"是引入新的运营方式后出现的一种全新需求模式，由于缺乏确凿的历史资料，即使有了现成资料也难以明确和量化，再加上统计方法上有难度，至今人们对此仍有争议。

原文是科技文体中典型的长句，译文连用"但""由于""并且""即使……也""再加上"和"因而"一系列连词，初读似乎颇具翻译腔，不符合汉语句子具有连续性的特点。然而，正因原文本句式结构复杂，理解有所难度，连词的使用恰可以起到界定和显化句子成分间关系的作用，利于目的语读者的阅读和理解。倘若仅删去原文中未出现的对应连词"但""并且"和"因而"，则译句变为3b。译文反而显得生涩拗口，甚至产生歧义。例如，对于"人们对此仍有争议"的理解，读者可能会把"此"的指代误认为"如何明确和量化现成资料"或是"确定统计方法"。

由此可见，英汉科技翻译中并非所有的"的""因为……所以"以及"不但……而且"等词缀或结构都表现为翻译腔。离散性的界限标记可以起到界定表述内容、保证语篇连贯性的功能，从而避免译文生涩难懂，体现科技文本的客观性、严肃性和准确性。

2　翻译腔的功能

汉语以模糊为美，而英语更注重精确表达（毛荣贵，2005：272）。这一审美差异反映在两种语言的语法结构上便是连续性和离散性的对立。换言之，汉语译文中的翻译腔会破坏汉语艺术审美。然而，翻译腔确实可以实现或者已经在一定程度上帮助汉语完成了两项功能：社会功能和语言功能。这两者是不可分割的。翻译腔在形式上有助于完善汉语的表达功能，在内容上可以丰富思想，从而进一步帮助汉语实现其应有的社会功能。

2.1 语言功能

科技翻译对语言表述的严谨性要求较高，因而为了让内容表达更准确，汉语引进了英语中的一些界限标记，增加了一些界限标记的使用频率（例如"的"），从而加速了部分词语成为界限标记的语法化进程，扩大了其使用范围。王力（1985：335—373）把欧化汉语的特点归纳为：(1)复音词的创造（如"资本""原始""解放"等词汇的创造）；(2)主语和系词的增加（如"花红柳绿"变为"花是红的柳是绿的"）；(3)句子的延长（如"……很好"延长为"……出乎意料的好"）；(4)可能式、被动式、记号的欧化（如记号"们"用途的扩充）；(5)联结成分的欧化（如"和"借鉴 and 联结两个名词的用法而在汉语中更频繁地使用）；(6)新替代法和新称数法（如"她"和"它"的普遍使用以对应英语中的 she 和 it）。

我们不难发现，王力指出的六种现象，按照传统上对翻译腔的认识，其中有不少与翻译腔相关，但这些现象的产生多与提高汉语准确表达内容的能力相关。

不过，由于汉语具有连续性的基本特征，对离散性特征的结构天然具有排斥性，因而在对需要表述严谨之外的地方，汉语表达很难容忍有界限标记功能的结构，尤其是追求模糊美的文学作品创作。由此，出现了所谓的翻译腔，也解释了不同文体对翻译腔的容忍度存在差异。

2.2 社会功能

1919 年五四运动前后，我国学者有感于西方科学的先进而我国落后，认为汉语是造成这种现状的重要原因之一。傅斯年（1919：171—184）在

《怎样做白话文？》一文中第一次明确提出白话文欧化的主张，希望"借思想改造语言、借语言改造思想"。其后，胡适、周作人、钱玄同、郑振铎、沈雁冰等纷纷撰文予以支持。

为此，他们大力提倡引进西方语言的表达方式，在翻译方法上表现为对译原文，出现了大量的翻译腔。由此可见，所谓的欧化翻译腔的使用，一方面实质上是当时中国学者（尤其是翻译者）认识到文言文和尚处于起步阶段的白话文本身存在缺陷，怀疑汉语在词汇、语法等方面略显单薄而为了提高其表达力的一种手段；汉语标点符号也正是这个时期由胡适、钱玄同、刘复、朱希祖、周作人和马裕藻六人正式提出，仿照西方语言的标点，并根据汉语的特色进行了设计并实施。

另一方面则是五四运动前后中国全面落后，尤其是科技落后于西方，知识分子渴望通过语言的变革改造国民思想，学习西方先进的科学文化知识，以实现强国梦。"翻译腔"在表达方法的引进、新词语的译介、语言表达形式的改革方面也的确起到了不容低估的历史作用（吕俊、侯向群，2001：316）。

不过，一些翻译腔在其后的实践过程中只有部分得到了保留，而有些则逐渐被淘汰，如用来修饰形容词和次品句子形式的欧化记号"底"在现代汉语中已不再使用。朱自清（1948：86）在《鲁迅先生的中国语文观》一文中提到：鲁迅的"翻译却宁可忠实而不顺；这种不顺他相信只是暂时的，习惯了就会觉得顺了。若是真不顺，那会被自然淘汰掉的"。再如，当时为了迎合翻译的需要，对应英语中名词变为副词须先经过变为形容词的过程，提出在名词后面加上"底地"（也作"的地"）用作副词，如：

> 许多"民意党"的人们，还和他个人**底地**相知，通信。（鲁迅《艺术论》译本序，1930）

然而，这种欧化的文法读来拗口，且与汉语的语法并不相关，故没有留存下来。

总之，一些所谓的翻译腔的功能在于可以增强表达的准确性，丰富可表达的内容，从而满足社会发展的需要。当这些功能消失时，这些翻译腔就会被淘汰。

应该说，西方对翻译腔的认定与我国学者对翻译腔的认定有相似之处，都包括形式、内容和功能。然而，他们最大的差异在于参照功能认定时，我国学者基本上遵循文艺学翻译研究传统，多注重美学功能，没有把文学翻译和科技翻译清晰地区分开来，而西方学者对功能的认识要更加广泛，用奈达的功能对等观来看，就是求得相似的效果，这种效果绝非单一的美学效果。因而，根据西方的观点，对文学翻译和科技翻译中翻译腔的认定似乎并不会产生不一致性。

本文认为，科技翻译的功能在于精确地传达信息，而文学翻译的功能在于追求艺术审美，翻译腔的认定，必须把译文文本的内容、形式和功能结合起来考察。不同的文体文本所表达的内容，所呈现的形式以及所表达的功能存在差异，因而翻译腔的认定要有文体差异意识。

II. 专业硕士学位翻译实践报告选编
——行为抽象名词的翻译[①]

吕叔湘（1979：11）指出：“汉语具有连续性而英语具有离散性。"吕叔湘（1979）还曾指出："西方语言的构词以派生为主，跟词根相对的是词缀，汉语构词以复合为主，跟词根相对的是'根词'，即既能单用又能构词的。"英语派生构词法这一特点就决定了其界限性强，有许多界限标记，具有离散性。英文行为抽象名词一般都带有界限性标记，例如 -tion, -ing, -ment, -ance 等后缀标记。而以复合构词法为主的汉语则界限性弱，具有连续性的特点。因此，在英汉翻译实践中，需要注意把握这一特点，将界限性强的英语转换为界限性弱的汉语，也就是说，译者可以采取扩展策略，模糊界限，从而让译文更加符合中文的表达习惯。王建国曾指出，"结果取向"是站在感知结果状态的角度去感知事物或事件，而"过程取向"是站在感知过程的角度去感知事物或事件（王建国，2016）。英文重结果，汉语重过程（王建国、何自然，2014），"过程"相对"结果"是扩展性的（王建国，2017），因此，笔者在翻译行为抽象名词遇到困难时，尝试了两种翻译策略，第一种是不扩展抽象名词的界限，采取"直译"的策略，另外一种则是站在感知过程的角度，去感知文本中描述的事件，结果发现，第二种扩展性译法的译文更加通顺，其连续性更强。

Quirk（1985: 245–248）将名词分为专有名词（Proper Nouns）和普通名词（Common Nouns），而普通名词又再细分为具体名词和抽象名词。根

[①] 王锦（2019）. 华东理工大学翻译专业硕士学位论文（摘编）.

据张今、刘光耀（1996）所著《英语抽象名词研究》一书，抽象名词可再细分为行为抽象名词、品质抽象名词和身份抽象名词。其中，行为抽象名词出现频率较高，这两位作者将抽象名词联系句型结构，使读者更易弄清楚抽象名词的基本修饰成分和非基本修饰成分，从而把握住行为抽象名词英译汉转化时需注意的要点。

Li C. I. (1985: 46) 认为，名词包括复指名词的出现，意味着新话题链的开始，因为名词的出现是段落的界限。其中，行为抽象名词尤为如此，其出现代表英文文本的高界限性、高离散性，故行为抽象名词的翻译是本次翻译实践中的一大难点。总的来说，在英汉翻译实践中，从英汉语用差异角度来看，能让汉语译文更具有连续性的方法不少，大多是采取模糊界限的扩展策略，如将动词派生而来的英文行为抽象名词扩展为汉语复合词，去除语法界限标记，显化隐含在语境中的与中心词相关的信息，添加带有主观色彩的修饰词或使用修辞，以及重组句子逻辑，向表过程的阶段回述（王建国，2018）。

1　翻译实践文本中的名词特征

原英文文本约 23695 单词，其中名词占比较高，在句子中作主语、宾语，名词之中抽象名词出现次数比较多，抽象名词中又属行为抽象名词出现频率最高，行为抽象名词也是本项目的难点所在，最能考验译者的水平，也最能影响译文在读者中的接受度。汉语母语者，更青睐形象思维，而不喜高度抽象的概括性文字，因此，为提高译文在读者中的接受度与传播度，需谨慎处理原文本中的行为抽象名词，把握其特征，切不可一味死译。

2　行为抽象名词翻译

行为抽象名词是由动词派生或转化来的，表达的往往是与同源动词相对应的"行为或动作"意义（刘光耀，1994）。

需要注意的是，扩展并不是指形式上的扩展，而是指认知意义上的扩展，目的就是为了模糊界限，从而将离散性强的英文转换为通顺流畅的连续性强的汉语译文。有时为了达到化离散为连续的目的，需要去除原文中的语法界限标记，并在汉语中寻找意义对应的词或语法标记，这一种扩展策略可以总结归纳为去除语法界限标记。第二种扩展策略可归纳为根据具体语境，显化隐含的信息，被显化的信息与中心词相关，一般都是显化隐含在语境中的施事者和受事者，译者要把握好扩展的"度"，切不可罔顾原文作者真实意图而任意发挥。第三种是添加带有主观色彩的修饰词或使用修辞。第四种策略则为重组句子逻辑，向表过程的阶段回述。下面将举例说明这四类增强译文连续性的翻译策略。

2.1 去除语法界限标记

英文中的语法界限标记一般有单复数标记，主动被动语态标记，时态标记，形容词比较级最高级标记等，由于汉语中缺乏相应的语法标记形式，故需去除这些语法标记，并增添相应的实义词弥补这些语法标记的隐含意义，即翻译为意义对应的词，这一扩展策略也考虑了英汉语用差异。

（1）But on this occasion there are **indications** that the Lancastrians would not have entered without a **blow**.

（a）但这一次，已经有缺乏攻击兰开斯特军就进不了城的迹象。

（b）但这一次，**种种迹象表明**，倘若兰开斯特军不**武力攻城**，就进不了城。

按照戴浩一（2007）的观点，汉语的名词和单音节动词都是无界的（unbounded），在翻译的过程中，界限就已经被模糊化或者扩展了。例1中的行为抽象名词 indications 带有复数形式的语法标记，翻译时不可避免要去除此语法标记。英文的语法标记是界限性强的表现，而汉语名词无界，为符合汉语表达习惯，复数语法标记难免要被去除。比较译文 a 和译文 b，译文 a 按照原文结构直译，不做太多调整，给读者的感受是句子字数太多，读起来费劲耗脑，断句不太清晰。而译文 b 将结果导向的原英文行为抽象名词 indications 去除了复数语法标记，译为"种种迹象表明"。

按照戴浩一（2007）的观点，汉语之所以使用量词，与汉语名词不可数相关，只有加上量词之后才可数，故译文增添了量词"种种"，与原文的复数含义相对应。"种种"还具有主观修辞色彩，也把原文的客观描述，变成了符合汉语思维的"主客交融"，从而将主客两分的高离散性英文平稳转化为主客交融。其次是按照事件实际发生的时间先后，重新调整语序，读起来更加轻松，意思简明易懂。原英文只是客观描述"有迹象"这一事实，译文 b 添加了表示主观意义的词"表明"，增添了主观意义，符合译文读者的审美趣味。行为抽象名词 blow 则译为具有过程动作取向的动词"攻城"，去除了其单数语法标记。修改后的译文 b 化离散为连续，更加符合汉语连续性强的特征，故读来更加流畅自然。

2.2 根据语境显化隐含信息以增强译文连续性

偏重结果意义的行为抽象名词一般由过程性的动词派生转化为名词，译为汉语时，可以采取扩展策略，使界限更加模糊，从而达到将离散性强的英文原文转换为连续性强的汉语译文的目的。高度抽象的行为抽象名词大多数带有 -ment，-tion 等后缀，其浓缩性强，从一个英文单词可解读出的意义很广泛，故选词构句乃至构篇时都需要扩展，完整表述出具有高度概括性的行为抽象名词蕴含的多种意义。刘宓庆（1980）曾指出，英语词的涵义范围比较宽，词义对上下文的依赖性比较大，英语的词汇化程度高，一个词往往含有汉语多个词的意义，而汉语词义比较严谨，词的涵义范围比较窄，比较精确固定。因此，翻译作为行为抽象名词的中心词时，需要适当显化与其有关的信息，比如显化派生出行为抽象名词的动词的施动者和受动者，即显化动作的参与者、承受者等等，或者显化行为动作的意图目的。由于英文具有主客两分的特点，常用行为抽象名词作为句子的主语，且往往隐含与此行为抽象名词相关的施动者和受动者，故英译汉时要显化隐含在语境中的施事者和受事者，使译文更加贴近汉语主客不分、主客交融的特点。主客交融意味着界限更加模糊，更具有连续性。

2.2.1 显化施动者

(2) Before the attack began a **proclamation** was made through the army that no prisoners should be taken.
　　进攻之前，长官下令：一律格杀勿论！

例2中的行为抽象名词proclamation由动词proclaim派生而来，并在原文中做名词化了的非人称主语，主客两分，显得特别客观，译文为了顺应中文喜用主体视角的表达习惯，增添了proclamation的逻辑主语"长官"，即显化隐含在语境中与中心词proclamation相关的"施动者"主体。傅敬民和徐僡婕（2006）曾指出，语言的差异反映的是使用该语言的民族心理、思维差异，汉语在翻译英语行为抽象名词过程中体现出了主体思维投射。从"长官"这一主体视角出发，译文显得更加主客不分，更具有连续性的特点，故读来也更加通顺流畅。

(3) After Christmas, which the king and queen spent at Coventry, the Archbishop of York, George Neville, brought his brother Warwick to the king, and a formal **reconciliation** took place.
　　爱德华四世与王后在考文垂欢度圣诞节后，约克大主教乔治·内维尔携兄长沃里克伯爵前去觐见了爱德华四世，两人表面上冰释前嫌，握手言和了。

例3中的行为抽象名词reconciliation同例2中的proclamation一样，翻译时显化了与中心词相关的逻辑主语信息"两人"，把"冰释前嫌"的参与人主体具体化为沃里克伯爵和爱德华四世，使句意更加清晰，但是又没有增添任何新信息。

2.2.2 显化施动者和受动者

(4) the king, to whom the letters, according to law and custom, were

delivered in the first instance, jokingly handed them on to the Archbishop of York, with a **charge** to explain what was in them.

据法律习俗，国王应最先过目这些信件，但他却发科打趣，将信件转交给了约克大主教，<u>令</u>其解释信中内容。

例 4 中的行为抽象名词 charge 在原文中并没有明确其逻辑主语和逻辑宾语，补全后的句子应该是 the king charged the Archbishop of York to explain what was in them，因此，英译汉时需要显化与中心词 charge 相关的施动者和受动者，为提高句子流畅度，将逻辑宾语约克大主教改换成代词"其"。charge 跟在介词 with 后面作方式状语，体现英文主次分明且主客两分的特点，译为汉语时要模糊界限、增强连续性且延续话题，故显化 charge 的施动者"国王"和受动者"约克大主教"显得很有必要。

2.2.3 显化与中心词相关的方式信息

（5）Recognising that, for the time at least, the game was finished, Warwick and Clarence fled north, first to Chesterfield, then to Manchester, hoping to get **assistance** from the men of Lancashire.

沃里克伯爵和克拉伦斯公爵意识到游戏暂时就此结束，便仓皇北逃，先是逃到了切斯特菲尔德，后来逃到了曼彻斯特，希望兰开夏郡人能**倾囊相助**。

例 5 中的行为抽象名词 assistance 本义为援助，译文显化了隐含在语境中与中心词 assistance 相关的方式信息，即以提供金钱这种方式加以援助，考虑到汉语审美倾向于多使用四字词，故译文"倾囊相助"可以为读者所接受。

（6）The coronation was performed with all the due and ancient ceremony; and the occasion was marked by the **creation** of a number of new peers, who had served the house of York.

177

加冕礼遵从正式而古老的礼仪，爱德华四世**册封**了一些效命约克党的功臣为新晋贵族，这让此场合与众不同。

creation 由动词 create 派生而来，本意为"创造"，此处为了与 of 后接的宾语相搭配，故将其译为"册封"，显化了与中心词"创造"相关的方式信息，即以册封这种方式创造出新晋贵族。

2.2.4　显化与中心词相关的意图

（7）One London chronicler believed that the king did not dare to make the **attempt**: "and so the king and the queen purposed for to come to London, and do execution upon such persons as were against the queen; but the commons of the city would not suffer them, nor none of hers, to enter in to London; …"

一位伦敦编年史家认为，亨利六世不敢轻易**进城**："国王亨利六世和红王后打算来到伦敦，处死那些反对红王后的人，但伦敦平民百姓，既不会允许反对党人，也不会允许红王后任何部下进入伦敦；……"

原文行为抽象名词 attempt 后面隐含了"尝试"这一动作的意图，根据语境，可以将其补全为 attempt to enter into London，因此，翻译时应该显化动作后面隐含的意图，使句意更加清晰明确。

2.2.5　显化与中心词相关的动作过程

（8）But fresh forces came up from the Yorkist main body at Pontefract, and at last after six hours' hard **fighting** the bridge was taken.

但是，约克主力军从庞蒂弗拉克特的赶来增援，最后**经过**六个小时**浴血奋战**，终于一举拿下了这座桥。

例 8 中行为抽象名词 fighting 前增添了表过程性的词"经过"，显化隐含在此语境中与中心词 fighting 相关的信息，从而将时间"六个小时"融入句中。根据龚千炎（1994）在《现代汉语的时间系统》一文中提出的观点，汉语的时态链可表述为：将行 → 即行 → 起始 → 进行 → 继续 → 完成 → 近经历 → 经历。添加"经过"二字使得动作的时态回溯到了时态链中的"进行阶段"，从而扩展了动作"浴血奋战"这一过程，使译文更加具有连续性。

(9) On the advice of Lord Mountjoy, he sent Earl Rivers and John Wydville into **safe-keeping** at Chepstow, as, owing to their unpopularity, he believed their absence would strengthen his position.

爱德华四世遵照蒙特乔伊勋爵的建议，把里弗斯伯爵和约翰·伍德维尔送到了切普斯托，**妥善保护了起来**，因为这两位不受欢迎，故爱德华四世料想，若他们俩不在，形势将会好转。

例 9 译文"妥善保护了起来"带有"起来"二字，根据龚千炎（1994）的观点，"起来"表示动作的起始态，代表开始并继续进行保护，与原文的"完成"时态相比，动作过程被扩展了，结果状态的 safe-keeping 被扩展成了"起始""进行""继续"的连续过程。

2.3 添加带有主观色彩的修饰词或使用修辞

第三种扩展策略（添加带有主观色彩的修饰词或使用修辞）与第二种扩展策略（显化隐含在语境中的与中心词相关的信息）的不同之处在于，第三种扩展策略添加了新信息，而第二种扩展策略并未添加新信息，而只是显化了隐含信息。添加带有主观色彩的修饰词或使用修辞都是为了使译文更加主客交融，更具有连续性，从而更加贴合地道的汉语表达习惯。

2.3.1 添加带有主观色彩的修饰词

(10) Like the Lancastrians after Wakefield, Edward showed much

cruelty after the victory in his **treatment** of the more important prisoners.

爱德华四世效仿韦克菲尔德战役后兰开斯特人的所作所为,大获全胜后,便**心狠手辣处置**要犯。

汉语母语者有较强的主体意识且主客不分,英语母语者则有较强的客体意识且主客两分(连淑能,2002)。这一中西思维方式的差异提示我们,英译汉时需要合理地添加带有主观色彩的修饰词,从主体视角出发,使得译文主客交融,连续性更强。例 10 中添加了表示主观判断的四字格"心狠手辣",意在将 showed much cruelty 这一客观事实与人物爱德华四世联系在一起,这种表达增添了译文的主观色彩,表现了原文作者对待人物爱德华四世的情感。

2.3.2 使用修辞

四字格具有音韵美和词汇形式美,符合汉语的审美,故在汉语中广泛使用。从原文译文的形式特征来看,例 11 中行为抽象名词 assembly 所在的词组,充当了整个句子的主语,相当于给出已知信息,译文以人物角色视角起句显得合理,并译为一个四字格,四字格具有良好的修辞效果,符合汉语的表达习惯。

(11) On the Sunday after Edward's arrival a great **assembly** of citizens and soldiers, between three and four thousand in all, was held in the open space beyond Clerkenwell.

星期天爱德华四世来到伦敦后,一大批市民和士兵在克勒肯维尔那边的空地上**齐聚一堂**,人数总共三到四千人。

除了大量使用四字格这一结构匀称的平衡结构,汉语还多用叠词,在翻译中正确地运用叠词,不仅能确切表达原作的词汇和修辞作用,而且还能恰当反映原作的一些语言现象和感情色彩(曹文学,1987)。

(12) The city of London showed a certain readiness to meet the queen, by sending two noble **mediators** immediately after the battle——these were the Duchess of Bedford and the Duchess of Buckingham.

伦敦城显露出些许意愿，准备会见红王后，罢战息兵后，立即派出了两位贵族——贝德福德公爵夫人和白金汉公爵夫人，从中**调解调解**。

例 12 中的行为抽象名词 mediators 带有复数的语法标记，由于汉语中缺乏对应的语法标记，故去除了语法标记，并添加了量词"位"，这种数词+量词+名词的汉语结构扩展了浓缩性强的原英文。mediators 由动词 mediate 派生而来，为了表达原文"努力尝试着进行调解"这一隐含的感情色彩，故将行为抽象名词 mediators 单独另译为一个小句，并重复"调解"二字，增添音韵美的同时，也表现出动作发出者有一种尝试的倾向。叠词这一修辞手法也会让译文显得有点口语化，考虑到此处更加侧重"调解"这一动作的尝试意味，权衡利弊之下还是选择重复"调解"二字。

(13) For the wind being in the faces of the musketeers, the flame from their guns was blown back in their faces, and eighteen were <u>burned to death</u>.

风迎面吹向火枪手，将炮管火焰吹回他们脸上，十八个火枪手被**活活烧死**。

例 13 中的行为抽象名词 death 前面交代了死亡的方式为烧死，为了反映感情色彩以及增添译文的主体视角，译文选择增添叠词"活活"，从而恰如其分地表现出原文作者同情被烧死的火枪手。正确运用叠词能增添译文的主观色彩，让译文更加主客交融，从而让译文更加符合汉语连续性强的特点。

2.4 重组句子逻辑，向表过程的阶段推进

汉语具有连续性而英语具有离散性（吕叔湘，1979：11）。英文重结果，

汉语重过程（王建国、何自然，2014）。结果比过程更加静态，结果状态代表的是动作终止完成后所造成的结果，从时间节点上来看，具有很强的界限性、离散性；过程由于模糊了动作起始持续的时间界限，故连续性更强，且更加动态。英文中的行为抽象名词具有高度概括性，是通过压缩相应动词的动作过程后派生转化而来。考虑到这些语言差异，英译汉时要化离散为连续，化静为动，按照时间顺序重组句子逻辑，将表结果状态的行为抽象名词转化为动作过程，或转化为动作过程＋结果。

2.4.1 回述过程，转换为过程

(14) The object of his **visit** was stated to be, that he desired to meet the valiant Anthony Wydville, Lord Scales, in tournament.

据说，他此次**动身拜访**英格兰，旨在与勇猛果敢的斯凯尔斯勋爵安东尼·伍德维尔切磋马上比武。

例 14 中的行为抽象名词 visit 表示访问这一客观事实，表示一种结果状态，并在句中作主语，翻译时若仍译为非人称主语句则不太符合汉语的表达习惯，因此，笔者试着改译为人称主语句，将人称代词"他"作为话题，重组句子的逻辑，将行为抽象名词 visit 向表过程的阶段推进，译为动词"动身拜访"，以作为人称主语"他"的谓语成分。原文的 visit 处在龚千炎（1994）时态链的完成阶段，译文"动身拜访"则处在起始进行阶段，将结果状态的完成阶段设为 n，那么向表过程的阶段推进则可表述为 n-1，进行此种扩展的好处在于赋予汉语译文以动态美，按照事件实际发生的时间顺序重组了句子逻辑，使句意更清晰明确。时间顺序原则是汉语中最普遍的顺序原则（戴浩一，1988）。

(15) John Paston's younger son, John, was with the forces at Newcastle, rather ruefully contemplating a **residence** there over Christmas, by which time he foresaw that all his money would long be exhausted.

约翰·帕斯顿的小儿子约翰和后备军一起驻留纽卡斯尔，他一想到圣诞节也要**住**在那里，估计那时早已两袋空空一贫如洗，就愁眉苦脸。

residence 原意为"住所"，a residence there 可以被还原为 John resided in Newcastle。例 15 中的行为抽象名词 residence 在伴随状语中，表示次要信息，使得英文句子主次分明，具有离散性。为了使汉语译文连续性更强，可以将 residence 向表过程的阶段推进，从而翻译为动词"住"，这样一来"约翰"就能继续作为所有小句的话题。

2.4.2 回述过程，转换为过程+结果

(16) On the Sunday after Edward's **arrival** a great assembly of citizens and soldiers, between three and four thousand in all, was held in the open space beyond Clerkenwell.

星期天爱德华四世**来到**伦敦后，一大批市民和士兵在克勒肯维尔那边的空地上齐聚一堂，人数总共三到四千人。

例 16 中的行为抽象名词 arrival 概括的是"抵达"这一结果状态，与 after 一起做句子的时间状语，若是译为"爱德华四世的抵达"则明显不符合汉语的表达习惯，因此笔者尝试将结果状态的 arrival 向表达过程的阶段推进，即译为"来（过程阶段）+ 到（结果状态）"，这样的汉语译文更加具有连续性。

III. 学术硕士学位论文选编
——英汉笔译中动词使用策略的研究[①]

摘要：本文以《人性的枷锁》中译本为例，运用王建国的语用取向理论，从动词的替换、添加和删减三个方面分析了英汉笔译中的动词使用策略。

由于汉语具备动词优势，故在英汉笔译中，遇到无法直译的情况时，译者往往在不改变原文动作含义的情况下，利用动词进行词类转换。但事实上，译文动词也有可能与原文动作含义不同但表达效果相同。这种现象的出现往往伴随着动词的替换、添加与删减。目前仍然缺乏对这类现象的研究。

基于译例分析，本文得出以下结论：一、在动词选择方面，汉语倾向于使用过程性动词取代原文的结果性动词。词类转换中的"动词化"现象符合同样的规律。同时，在对话翻译中，汉语多用显式报道动词来替代原文的隐式报道动词。二、在动词添加方面，译文中出现原文语义上不存在的动词主要是为了满足话题链连贯性需要、语义逻辑完整需要和过程细节强化需要。三、在动词删减方面，主要的考虑因素是增加语言的感知速度、实现状态的连续性。

关键词：动词，替换，添加，删减

[①] 姚安娜（2019）. 北京外国语大学硕士学位论文（摘编）

1 引言

1.1 研究背景和研究对象

在英汉笔译中，如果汉语有对应原文的表达，译者通常采取直译的方法。如果直译不符合汉语表达习惯的话，往往借助动词，把原文的意思变换词类转移到译文中，这是因为汉语有动词优势。上述两种情况似乎都默认了原文和译文的动作含义是相同的，但事实上还存在原文和译文动作含义不同但表达效果相同的情况，包括动作含义的替换、添加和删减。对这类现象的研究，出发点多为功能对等理论、译者主体性等，虽然有一定的启发性，但是在具体实践中操作性不强，所以很有必要进行更深入的研究，找到动词非对应转换的使用情境和规律，为英汉笔译提出指导性建议，完善英汉笔译的动词使用策略。

本文将以张乐（2016）《人性的枷锁》中译本为研究案例，辅以叶尊（2016）和张柏然、张增健、倪俊（2011）的译本，从动词的选择、添加和删减三个方面分析英汉笔译中的动词使用策略。之所以选择上述研究对象，有以下几点原因：

首先，本文选取的源语文本是毛姆的小说 *Of Human Bondage*。这是一本成长小说，讲述了主人公菲利普从童年到成人的这段经历，叙事性强，动作含义丰富，而且篇幅较长，涵盖了对人物动作、心理、神态、语言等多方面的描写，以及人与人、人与环境之间的交互，动态描述和静态描述兼备，保证有足够的语料来研究英汉笔译中动词的非对应转换。再者，毛姆的语言极为平实，易于理解，不至于构成研究障碍。毛姆（1951）本人也曾谈到过自己简明行文的原则。本文选取的例句大多表述简单，涉及的动词也多是常见的，因此从中得到的规律也更基本、更具有普遍性。

其次，本文选取张乐的中译本作为主要的译文研究对象，是因为张乐对原文的研究非常透彻。她为译本撰写了导读，其中介绍了毛姆的生平、性格、轶事、作品、笔触，还有成长小说的发展历史、作品内容梗概和作品出版过程。此外，该译本还添加了 288 条注释补充背景知识，可见译者的用心。在 *Of Human Bondage* 的众多译本中，张乐的译本呼声最高。她的语言自然流畅，少有欧化痕迹，确属地道中文。张乐本人是北京大学外国语学院英语笔译专业的尖子生，翻译功底深厚。这确保了她的译文基本符合汉语的使用习惯，因此适合作为翻译案例，用于总结英汉翻译中的动词使用规律，排除译文质量不佳对本文研究造成的影响。

最后，本文中还有少数译例选自叶尊和张柏然等人的译本。这两个译本虽然整体质量不如张乐的译本，但是在很多地方采用了和张乐一样的动词使用策略。如果说单独分析张乐的译本缺乏说服力，那么辅以其他译本的译例，就能进一步体现规律的普适性。

1.2 研究意义

"人的行为方式，包括翻译实践和理论讨论的方式都不自觉地受到了思维方式的影响。"（王建国，2016b: 38）如果一名译者单凭直觉或语感就能做好英汉翻译，势必要熟谙两种语言背后的思维方式差异，并且能够在两种思维方式之间自由切换。但事实上，能够做到这一点的译者并不多。如果没有一贯的指导原则，产出的译文质量可能就不太稳定，英汉翻译中的"欧式中文"现象就是一大表现，因而需要充分研究英汉这两种语言的本质特征，找到系统的转换规律。

本文以动词为切入点，根据语用取向视角下的译例分析，了解英汉笔译中动词选择、添加和删减的规律，提出了具体的翻译策略和方法，拓宽了英汉笔译中动词使用的路径，增强了动词使用的针对性和方向性，帮助广大译者更加灵活自如地运用动词，实现译文的连贯性。同时借本文从新的理论视角重新审视现有的翻译策略，找到除英汉词类优势、主客体意识差异、运动事件框架等理论依据外新的思考路径，加深人们对英汉语言差异和英汉笔译中动词使用策略的理解。

1.3 论文结构

本文分为六部分。

第一章为引言，介绍英汉笔译中动词使用策略的研究背景、研究对象和研究意义。

第二章为文献综述，梳理英汉语言特点和动词使用策略的研究现状。

第三章为研究问题和研究方法。

第四章为理论框架，陈述王建国的语用取向理论的核心内容和发展过程，说明该理论对动词使用策略研究的指导意义。

第五章为文本分析，结合张乐《人性的枷锁》中译本，举例说明英汉笔译中动词替换、添加、删减的策略。

第六章为结论，总结译例分析的发现，指出研究局限和未来研究方向。

2 理论框架

2.1 英汉词类优势

关于英汉两种语言的词类优势，学界的看法最初并不统一。林同济（1980：392）的说法是，"汉语特点是动词优势，英语特点可说是关系词丰富。"郭绍虞（1978：331）的观点不同，他认为汉语以名词为重，因为"汉语是以实词为中心的，而实词之中名词最实。"面对这两种相互矛盾的观点，潘文国（1997：378-9）认为，这是由于看问题的角度不同而导致的，林说反映了"现实上的正确"，郭说则反映了"历史和理论上的正确"。潘提出，英语理论上以动词为中心，导致形态繁复，使用不便，故多借用形态简化的名词；汉语理论上以名词为重点，形成了非形态语，使动词活动不受约束，造就了动词优势。潘文国的观点在一定程度上消解了理论和现实的矛盾，但他并没有提及英语中除了动词、名词外的其他词类，也没有说明为什么汉语动词的灵活使用会削弱名词的优势地位。

王文华（2001：46）通过阐述英语名词形态简化的历史，从另一个角度解释了英语名词优势的形成原因：英语原本和古希腊语、德语一样，名词有主格、生格、与格、宾格之分，后来格的差异消失，演变为没有形式变化的通用格，大大方便了名词的使用，而由于格的消失带来的空缺则由介词填补。这里出现了另一个关键词类——介词。英语介词和汉语动词之间的转换是除了名动转换之外最常见的英汉互译技巧之一（刘宓庆，2005：187）。但是，可以转换为汉语动词的英语词类还远不止于此。英语动词易于转化为非动词形式而汉语不行的原因也没有得到解释。

连淑能（1993：104-146）从"静态与动态""抽象与具体"两个方面给出了更详细的解答。首先，英语为了避开形态变化规则的约束，"常常通过动词的派生、转化、弱化和虚化等手段，采用非动词的形式（如名词、介词、形容词、副词等）表达动词的意义"，所以表达呈现"静态倾向"；汉语没有形式之分，动词可以"充当句子的各种成分"，甚至可以连用、重叠、重复、合成，所以表达呈现"动态倾向"。其次，英语丰富的虚化手段（如词缀、介词、一词多义等）导致表达抽象化。汉语表达更加具体，因为汉语没有虚化手段和形态变化，所以只能"以实的形式表达虚的概念，以具体的形象表达抽象的内容"。虽然汉语也有来自外语的抽象词尾，比如"化""度""主义"等，但使用范围相当有限。例如 realization 一词不能译为"实现化"，而应该结合语境译出具体意思，比如实现、领悟、变现等等。连淑能没有局限于英汉表象，而是更加深入具体地去探讨有哪些汉语缺乏的因素造就了英语的名词化，极具启发性。上述讨论明确了汉语的动词优势和英语的名词优势。

2.2　语用取向理论的提出

王建国、何自然（2014：8）在《重过程，还是重结果？译者的母语对英译文本的影响》中，选取《中式英语之鉴》（Pinkham, 2000）的翻译案例，通过比较母语分别为汉语和英语的译者给出的译文，归纳得出"汉语重过程、英语重结果"的语用原则。两人发现，汉语句子中表示过程的词在 Pinkham 的译文中都被删除了，取而代之的是表示原文事件结果的词，比如"made an improvement"（取得进步）被改为"improved"（进步了）。汉语多用动词、英语多用名词和介词的现象也印证了这一语用取向。

此前，英汉对比语言学也曾提出过类似的观点。比如连淑能（2006）提到汉语重归纳，英语重演绎。汉语没有严格的形式机制，行文依赖语序，包括事件发生先后、空间大小排列、条件原因和结果的出现次序，都是顺着来的，过程非常明了。英语则习惯先给出判断，再追述分析过程，突出的是结果。再比如，刘宓庆（2006：409）指出，"汉语是动态语言、英语是静态语言"。由于形式限制，英语句子只能有一个谓语动词。若要同时表达多个动作含义，就必须取舍。通常，说话者会选择一个最重要的动词作为谓语动词，用分词、不定式等非谓语形式来表示其他成分。汉语没有严格的形式要求，可以连续使用多个动词，视点不断流动，呈现出更强的动态感。这在一定程度上印证了汉语重动态的过程，英语重静态的结果。

2.3 汉语的过程取向和英语的结果取向

王建国（2016b：38）从英汉语言对比研究和翻译的角度重新定义了"过程"和"结果"："过程"指"人们对一定事物或事件做出物理和心理感知行为的一个或多个程序，具有连续性、动态的特征"；"结果"指"在一定阶段，人们对事物或事件做出物理和心理感知行为后达到的最后状态，具有阶段性、静态的特征"。这里的感知就是主体依据民族和个人的思维方式自觉或不自觉的一种行为，感知的方式和内容可以通过语言表现出来，而语言的认知和使用又是通过感知实现的。汉语强调感知的过程，英语强调感知的结果。例如葛浩文在翻译《檀香刑》时，用的是"sandalwood death"而非"sandalwood punishment"。原文"刑"代表惩罚，是持续一段时间的过程；译文"death"是受到刑罚后的结果，是一个静止的状态。"过程相对结果是延展的，结果相对过程是压缩的"（王建国，2016b：38）。因此，就翻译策略而言，汉译英时应当由过程转向结果，向后压缩事物感知过程，突出事件发展的结果；英译汉时则需要由结果转向过程，向前延展事情发展经过，说明促成该结果的原因。

2.4 心理动能和心理势能

明确了汉语的过程取向、英语的结果取向后，王建国（2016b：37）又借用物理力学的概念，进一步提出"汉语是心理动能导向的语言，英语是心理势能导向的语言"。

动能是物体做机械运动具有的能量。势能分为引力势能和弹性势能。其中，引力势能的特殊形式是重力势能，在重力加速度不变的情况下，与物体质量和相对参考平面的高度成正比。弹性势能是物体弹性形变具有的能量，在一定范围内形变越大弹性势能越大。

王建国（2016b：39）认为，"作为感知主体的人，在感知一个用语言表述的事物或事件时，同样也是一个运动，会产生心理动能。而被感知的事物或事件因负载概念受到向下的心理引力则产生心理重力势能。"汉语是过程取向的，具有扩展趋势，呈现动态特征，属于心理动能导向的语言，感知力对事物或事件的驱动是向下的，也就是说感知力做功和心理势能都转换为心理动能。英语是结果取向的，具有压缩趋势，呈现静态特征，属于心理势能导向的语言，感知力对事物或事件的驱动是向上的，也就是说感知力做功不断转换为心理势能。

对于汉语而言，要想在感知过程中获得更大的心理动能，就需要增加被感知事物的重量、加快感知的速度。在语言形式增重方面，可以使用"a. 强势修饰词；b. 由名词、动词、量词、形容词等构成的叠词；c. 动量词和名量词；d. 语义反复、形式反复，甚至形式与意义反复兼用"。在感知过程增速方面，可以"a. 强化甚至无理性地夸张过程细节""b. 使用规整的形式来减少阻力"（王建国，2016c：268-9）。这里的分类是比较粗略的，没有严格的界限，某些手段既能实现增重又能实现增速。吴碧宇、王建国（2017：102）就将"强化甚至夸张过程细节"归为"语言形式增重"的方式，并在感知过程增速下纳入了三个小点：一、减少虚词；二、使用流水句和话题链；三、使用双音词、四字格等匀称平衡的结构。其中，减少虚词是因为虚词不承载完整概念，心理重量不足，不具备转化为心理动能的心理势能，反倒会增加汉语的界限感，加大感知阻力，打破行文连续性，违背了汉语的心理动能取向，所以减少虚词、多用承载概念的实词，可以减少感知阻力，加快感知速度，从而增加心理动能（王建国，2017c：20）。流水句和话题链的使用意味着以话题引导多个小句，在保证内容丰富的同时，满足汉语的平面审美。汉语的心理动能取向要求增加语言的心理重量，但是一旦心理尺寸加大，所受阻力也必然加大。因此，为了减少阻力，必须确保语言形式"表面光滑"、形式规整（王建国，2016c：268-9）。双音词和四字格的使用也是同样的道理。

对于英语而言，目标是获取更大的心理势能。从弹性势能的角度来看，通过压缩感知过程，凸显感知结果，就能增加心理势能，原理类似于弹簧的伸缩。从重力势能的角度来看，存在物体上升的过程，在感知力一定的情况下，上升位置越高、阻力越小，物体获得的势能越大。为了尽可能满足高度，需要减轻被感知物体的重量，所以英语用词"a. 多表事物运动或事件发生的结果状态，弱化甚至忽略达到最后状态的过程细节"，并"b. 采用形式与意义浓缩法，如构词法中采用词缀法、转类法、混合法，构句中采用主从复合句浓缩形式"。除了减轻重量外，还需要减小上升阻力。英语通常采用"分级处理"的方式，让主谓结构形成的主干和其他从属结构形成的分枝逐次上升，层级清晰，界限分明，和火箭发射同理。这种"分级处理"的方式导致英语中的界限感非常明显：首先，各个小句表述状态不同，主句多表结果，从属小句或短语多表过程；其次，英语词类分明，冠词、关联词、代词等可以划分句法结构或语义界限，便于读者理解；最后，逐次上升的结构之间为了更好地彼此参照，会留下人称、数、时态等语法标记（王建国，2016c：270-2）。

除了以上几点外，还有其他方面能体现出汉英的语用取向差异：

首先，时间上，汉语遵循时序，多采用平面性强、界限不分明的流水句，动能更大；英语则以谓语动词的发生时间为参照，按轻重次序排列事件，依靠时间标记说明事件的发生过程，立体感更强，势能更大。

其次，空间上，汉语习惯先大后小，因为空间大、物理重量大的物体下降速度更快，动能更大，所以排在前面；而英语的感知驱动向上，排在前面的通常是空间小、物理重量小的物体，因为它们更容易上升，就像火箭头一样。英汉的通信地址写法差异就印证了这一点（王建国，2016c：273-4）。

2.5 语用取向理论对动词使用策略研究的指导意义

"个案研究的归纳过程不是统计性的，而是分析性的，注重逻辑和因果"，所以"个案研究能归纳总结到什么程度不取决于例子本身，而取决于所用理论和文献是否与例子紧密贴合"（Mitchell, 2000:177—80）。本文之所以采用王建国的语用取向理论，是因为该理论在以下几方面与研究内容相契合：

第一，该理论强调了汉语的"过程性"和"心理动能取向"，与本文的研究对象"动词"有共同点，提供了"发现问题、分析问题"的视角（谢天振，2007:217）。

第二，该理论专门针对汉语和英语，而非所有语言，有助于引导研究者从英汉两种语言的自身特点出发进行思考。Susam-Sarajeva（2009:39）曾提出，"个案研究要高度关注案例所处的语境"。从宏观层面来看，汉语本身就是本文研究对象的语境之一。Toury（2001:36）也曾提到，目的语是翻译发生作用的"直接语境"，"是观察的起始之处"。外文作品的中译本若想融入该语境，就必须符合汉语的语用习惯，在动词使用上也一样。因此，在研究译者的翻译策略之前，应该先了解目的语的语言特征和思维方式。王建国的理论恰好包含了这两方面。该理论由前人观点发展而来，系统性更强，内涵更丰富，解读更深入，便于更加具体地指明动词的使用方向。

第三，本文探讨的是动作含义的非对应转换，比如原文译文动词选择不同、译文添加原文没有的动作含义、译文删减原文包含的动作含义。这些问题不涉及是非对错，都是译者选择倾向的问题，也就是所谓的"取向"，与王建国理论的研究本质相同。

3 文本分析

3.1 动词的选择

3.1.1 过程性动词

英汉笔译中，有时会出现译文动词与原文动词字面意思不同，但表达效果相近的情况。以下将通过译例分析，探究动词选择的规律，并考察该规律是否适用于动词和其他词类的转换。

(1) Then Henry Carey married a patient, a beautiful girl but penniless, an orphan with no near relations, but of good family; and <u>there was an array of fine friends at the wedding.</u>

弟弟娶了自己的病人——一位貌美如花却身无分文的姑娘。她虽无亲无故,但却出身于一个相当显赫的家族。<u>婚礼当天,一众体面气派的朋友前来庆祝。</u>

这段话写的是主人公菲利普的父亲亨利·凯利,他曾是一名出色的医生,备受爱戴。原文画线部分描写了他的婚礼现场。其中"there be"结构表示"某处存在着某人或某物",属于英语中的静态存在句(席红换,2005:224),对应汉语中同样为静态存在句的"有"字句(潘文国,2002:51)。因此,如果直译画线部分的话,可以得到"婚礼现场有一众体面气派的朋友"。通过对比可知,张乐没有采用"有"字作静态描述,而是换成了动态动词"前来庆祝"。从语用取向的角度来看,"有"字偏向对结果的描述,呈现的只是婚礼现场宾客人数众多的事实,而"前来庆祝"偏向对过程的描述,呈现出宾客纷至沓来为新人道喜的场面,具有更强的动态感,更符合汉语的语用习惯。

(2) Suddenly it seemed to him that his life was a dream, his mother's death, and the life at the vicarage, and these two wretched days at school, and he would awake in the morning and be back again at home. His tears dried as he thought of it. He was too unhappy, it must be nothing but a dream, and his mother was alive, and Emma would come up presently and go to bed. <u>He fell asleep.</u>

他恍然觉得可能这一切:母亲的离世、在伯伯家度过的日子,以及来到学校的可怕遭遇,都只是一场梦。到了早晨,梦醒了,他就又能回家。他心里是那么苦涩——这些一定都只是场梦。母亲一定还活着,埃玛一会儿就要上楼睡觉了。想着想着,泪水渐渐流干了;<u>想着想着,他慢慢地阖上眼睛。</u>

菲利普在学校因跛脚受到同学欺侮，意识到这种痛苦可能会伴随自己一生，就无意识地回想起小时候母亲温暖的怀抱。这种念想是如此真实以至于他感到在母亲离世后所经历的一切都是一场梦。这段话前面一直在描述菲利普的所思所想，语言随着思绪的变化呈现出动态感。中间穿插的一句"His tears dried as he thought of it"也是在描述整个过程中眼泪的动态变化。最后一句"He fell asleep"则不同，属于静态的、结果性的描述，意味着这段思考的结束，如果直译为"菲利普睡着了"会显得很突兀，一是因为话题转换太快，二是因为动静变化太仓促。张乐通过后置前文的"His tears dried as he thought of it"，在"母亲"和"埃玛"这两个话题后面设置了一块缓冲区域，在保持动态描述的情况下，把话题过渡到菲利普身上。此外，"单主语承后省略"（王文斌、赵朝永，2017：39）的结构也使话题转移更加平稳。

值得注意的是，张乐对原文的动词也做了处理。她并没有把"fell asleep"译为"睡着了"，而是译作"慢慢地阖上眼睛"。虽然字面意思不同，但是更能体现菲利普边幻想边入睡的情景。从语用取向角度分析，"睡着了"是结果性的，"慢慢地阖上眼睛"是出现"睡着了"这个结果之前的过程。这种译法相当于在结果的基础上向前推进做了延展，突出了感知过程。汉语的这种语用取向不仅体现在动词短语上，还体现在单字动词的选择上。

(3) Her father <u>kept a turnpike</u> on the high-road that led to Exeter.
她父亲在去往埃克塞特的高速路上<u>开了个收费站</u>。

这句话讲的是菲利普儿时的保姆埃玛的父亲。值得注意的是，张乐并没有把"kept a turnpike"译作"看守税卡"，而是译成"开了个收费站"。通常，公路收费站由国家管理，个人没有权利在道路上开设收费站，因而此处可能是误译，但是误译背后的原因和动机值得我们去探究，因为张乐本来可以很简单地按照原文做直译处理，却没有这样做。由于无法联系到译者本人，我们只能根据类似的例子做出猜测。

(4) Philip read the advertisement columns of the medical papers, and he applied for the post of unqualified assistant to a man who <u>had a dispensary</u> in the Fulham Road.

菲利普阅读医学报上的广告栏，发现有个人在富勒姆路上<u>开了家诊所</u>，便去向这个人申请当一名无医生资格的助手。

这段话是另一名译者叶尊（2016：703）译的，但是出现了和张乐类似的处理方式。这段话中开诊所的人是后来与菲利普合伙经营诊所的索斯医生。画线部分的 have 是类似于 be 的弱势动词（杨冰，2011：145），静态意味明显。在译文中，无论是单独使用实义动词"有"来表示"拥有、占有、领有"的含义，还是让"有"作为蕴含情态意义的附属词跟在单音节或双音节动词后来表意，都只能呈现出某种状态结果（黄立鹤，2013：146）。叶尊用"开了"不仅能说明索斯医生拥有这家诊所的事实，还能借"开"这个强势动词加强句子的动态感。由于汉语动词没有形态变化，我们无法判断"开了家诊所"中的"开"究竟对应英语中的过去时还是现在完成时，但是词尾"了"具有双重标记功能，"作为内时体终结性标记的同时承担了外时体完成性标记的功能"（王晨，2019：135），也就是说"开了家诊所"既能表示当时"开诊所"的动作，又能表示该动作对现实的影响，即索斯医生拥有这家诊所。比较"开"和"有"这两个动词可知，译者在选择动词时偏向于过程性更强、离结果更远的动词；相较于原型动词，译者更倾向于使用动作动词，如成事动词（田臻，2009：7）。张乐在翻译"kept a turnpike"的时候可能也受到了这种思维模式的影响。

上述例子中，译者都选择了与原文不同的动词来实现或增强原文的表达效果，其中包括弱势动词与强势动词的转换、强势动词与强势动词的转换。此类转换的趋势通常是结果性描述向过程性描述的转换。这种动词选择的规律与词类转换中的"动词化"规律具有一致性。

(5) "I've had the stove lighted as I thought you'd be cold <u>after your journey</u>," said Mrs. Carey.

"我已经生上炉子了，你们这一路回来，应该挺冷吧。"凯利夫人说。

菲利普的父母双亡后，在渔村当牧师的伯伯带着菲利普坐火车回家，迎接他们的凯利太太说了这番话。原文的介词短语"after your journey"在句中充当时间状语，表示"旅行结束后"，所以"you'd be cold after your journey"呈现的是结果性状态。张乐并没有把视点集中在这趟旅行的终点，而是将整个旅程用动词"一路回来"展现出来，相当于描述了菲利普和他伯伯从出发到抵达的全过程。这个例子属于介宾短语和动词之间的词类转换，转换中选择的动词同样体现了汉语的过程取向。

(6) He heard that his father's <u>extravagance</u> was really <u>criminal</u>.
菲利普听别人说自己的父亲<u>挥霍无度</u>，<u>造下了孽</u>。

原文的名词"extravagance"和形容词"criminal"在译文中都变为动词，实现了从描述性文字到叙述性文字的转变，而转换的逻辑同样是寻找促成结果的原因：挥霍无度导致浪费，造了孽所以罪过。因此在英汉笔译中运用动词时，需要以结果为出发点，向前推进事情的发生经过，选择表述过程又符合搭配的动词。

3.1.2 显式报道

另一类经常出现原文译文选词差异的是报道动词。报道动词指引导话语或思想的动词，如 say、ask、answer 等（刘克东 孙健瑶 2018:91）。英语大多时候只使用少数几个报道动词，而且这些报道动词的语义都比较模糊。刘克东和孙健瑶（2018）研究霍克斯翻译《红楼梦》中报道动词"忙道"的情况发现，译"道"不译"忙"的情况占了半壁江山，而且霍只译出了 5 种不同的"道"，其中"said"的比例高达 90%。张丹丹和刘泽权（2016:130）统计了 *Tess of the D'Urbervilles*、*The Beautiful and Damned* 以及 *Lady Chatterley's Lover* 三本英语原语小说中报道动词的使用情况，发现 say、ask、tell、continue、cry 在这些小说中出现的频率最高，其中 say 的频率远远超出其他动词（之和）位于榜首。相比之下，汉语中的报道动词种类更加丰富。据张丹丹和刘泽权（2016:128）统计，在《红楼梦》中，曹雪芹用来引导王熙凤话语的报道动词就有 40 多种，其中显式报道动词是隐式的近 1.5 倍。隐式报道动词不显示说话方式，如"说""道"；显式报道动词含有明显的说话方式，如"问""骂道""悄悄道"等。《人性的枷锁》中译本中有很多报道动词与原文动词不同但表达效果相同或更佳的情况。

(7) He quickly put out his foot and tripped Philip up. Philip was always rather unsteady on his feet, and he fell heavily to the ground.
"Cripple," <u>said</u> Singer.
他气得伸脚把菲利普绊个跟头。本来走路就不稳的菲利普一下子摔在地上。
"残废！"辛格<u>骂了一句</u>。

菲利普和小霸王辛格一起玩"笔尖战"游戏，结果被校长发现。辛格挨了一顿打，菲利普却因为残疾而幸免了，搞得辛格一肚子不服气，拿菲利普当出气筒。原文中的"said"如果直译为"说道"显然过于平淡，没有任何感情色彩，无法体现辛格的态度和语气。在译文中，张乐用"骂"字说明了"残废！"出口的方式，充分体现了辛格对菲利普的厌恶之情。此外，张乐还用了动量词"一句"来修饰"骂"字，增加了语言形式重量，使译文更加符合汉语的心理动能取向。

(8) "I say, let's look at your foot," he said.
"No," <u>answered</u> Philip. He jumped into bed quickly.
"Don't say no to me," said Singer. "Come on, Mason."
"我说，让我看看你的脚呗！"
"不。"菲利普<u>一口回绝</u>，转身就往床上跑。
"来嘛，让我看看。"辛格说，"梅森，过来过来！"

晚上入寝时分，辛格从自己的小屋那儿跑到菲利普这儿，逼着他伸出跛足，但是菲利普不愿意，紧紧抓着被子不放。他回答辛格的请求时，只说了一个"不"字。如果译者把"answered"简单译作"回答"或"答道",则无法体现菲利普斩钉截铁的语气。从上下文可知,菲利普讨厌因为跛足而蒙受屈辱,更讨厌自己轻易屈服于辛格的淫威,所以此处的回答是决绝的。张乐将"answered"译作"一口回绝"恰恰体现了菲利普的态度,将原文的隐含信息显化于译文中。在"一口"的修饰作用下,"回绝"的力度也显得更大。

汉语是以心理动能为导向的语言。在英汉笔译中,译者根据语境,选择包含说话人语气、态度和说话方式的报道动词,实现从原文隐式向译文显式的转换,有助于增加报道动词负载概念的重量,从而增加能够转化为心理动能的心理势能。甚至还可以加上动量词等稍做修饰,进一步加大译文的心理动能。

3.2 动词的添加

英汉笔译的译文中时常出现原文语义中不存在的动词。笔者认为究其原因,可以分为以下三个方面:一、话题链连贯性需要;二、语义逻辑完整需要;三、过程细节强化需要。从语用取向的角度来看,三者都是为了让译文呈现出更强的过程性,获取更大的心理动能;要么是通过增加语言形式,要么是通过增加语言感知速度。

3.2.1 话题链连贯性

汉语是心理动能导向的语言,所以会"大量使用拉长的、规整的、具有平面性的形式来减少阻力"(吴碧宇、王建国,2017:102),其中就包括流水句和话题链。赵元任(1968)最先将"话题"引入汉语结构分析研究,用"话题"和"说明"这对概念来解释汉语的主谓结构。汉语话题链的概念最早由曹逢甫(1979/1995)提出,指"由一个或多个小句组成且以一个出现在句首的共同话题贯穿其间的语段"。Li(2005:37)进一步修改为"话题链至少包括两个小句,小句之间由显性话题NP与零形NP具有的同指关系连接",其中显性话题NP不一定要出现在链首。所谓"零形式"就是没有语音语形却负载语义信息的语言单位。用零形式回指话题的现象叫作"零形式回指"(孙坤,2014:53)。

话题链的功能在于"可以让说话人不断地添加内容,只要话题一确定,说话人无须提前考虑后续小句的句法结构,很容易形成所谓的流水句"(王建国,2008:182)。周强和周骁聪(2014:108)在对比话题链、关联词语和汉语中的其他连贯形式时发现,"话题链是话题评述关系的凸显描述形式,覆盖相应句子实例的77%以上,而该类句子在真实文本中的分布比例也达到了63.47%"。话题链之所以呈现出极强的连贯性,"零形话题"起到了关键作用。

(9) He began saying the words aloud to himself, but many of them were unknown to him, and the construction of the sentence was strange. He could not get more than two lines in his head. And his attention was constantly wandering: there were fruit trees trained on the walls of the vicarage, and a long twig beat now and then against the windowpane; sheep grazed stolidly in the field beyond the garden.

他开始大声朗读,奈何有好多不认识的词和结构奇怪的句子,最多也就能记住一两行。更别说他还一直在开着小差,一会儿<u>想想</u>屋墙四周种的果树,一会儿<u>听听</u>窗外长树杈时不时拍打窗户的声响,一会儿又<u>惦记起</u>院子外头那些吃草的羊群。

这段话描述了菲利普读短祷文时的情景。原文写菲利普开小差的时候,用冒号引出了菲利普注意力所及之处,冒号后面的几句话都以物做主语,话题从果树到树枝再到羊群不断变化。译文则在物称前加上"想想""听听""惦记"等动作,将各个小句的主语统一成菲利普,并省略了除句首外其他位置的主语,用"零形话题"来联系各部分的内容,构成环环相扣的话题链,使译文更加连贯通顺。

(10) His heart beat so that he could hardly breathe, and he was more frightened than he had ever been in his life. He stood still stupidly while the boys ran round him, mimicking and laughing.

他从来没有这样害怕过,心怦怦乱跳,气都喘不匀,只能愣愣地站在那,<u>眼睁睁地看着</u>男孩们大笑着,绕着他跑,模仿自己一瘸一拐。

这段话写的是菲利普初到学校时因跛脚而被欺负的场景。译文中"眼睁睁地看着"这个动作含义在原文中并没有对应的词或词组,是译者添加上去的。原文只用了"while"一词来表示"菲利普愣愣地站在那儿"和"男孩们大笑着围着他跑,模仿他的动作"这两件事同时发生。译文没有将这两件事拆分开来,没有用"男孩们"另起一句,而是将"男孩们"变为"看着"的宾语,纳入以"他(菲利普)"为话题的话题链中。Li(2005:23)指出,名词具有很强的界限感,名词的出现意味着新话题链的开始。王建国(2016c:269)在探讨如何使用话题链加快汉语的感知速度时也指出,"名词、代词和关联词的出现会影响话语的流畅性,给具体感知'过程'产生阻力"。在本例中,译者通过添加动词,将原本可能多句出现的内容整合成一条话题链,减小了感知阻力。

(11) We used to grow beautiful roses. People used to stop at the gate and ask who the house belonged to, the roses were so beautiful.

我家种着特别漂亮的玫瑰花,不管谁路过都要停下<u>夸夸</u>这些花,问问是哪家种的。

这段话写的是米尔德里德向菲利普讲述自己的过往。第二句话的逗号看似有误,实则为毛姆的写作习惯(Truss, 2004:88),可能是因为他受到法语和德语的影响——这两种语言都是可以直接用逗号连接独立句的(毛姆出生在巴黎,中学毕业后,在德国海德堡大学肄业,英语并非其母语)。虽然第二句的两部分以逗号连接,但是这两部分可以看作两条话题链,第一句的话题是"people",第二句的话题是"the roses"。两条话题链在语义上有逻辑联系,因为花漂亮,所以路人才问是谁家种的,但是在形式上两部分却是断裂的,因为出现了新的名词"the roses"。如果把这句话直译为"不管谁路过都要停下来问问这是谁家,因为这些花真是太美了",同样会因为关联词和名词的出现而影响流畅性。译者的处理方式是调整语序,加上动词"夸夸",把原文的原因状语挪到前面,变成译文的谓语部分,从而整合成一条话题链,增强了译文的"时间性",削弱了译文的"空间性",使表达更加符合汉语的语用取向(王文斌、赵朝永,2017)。

另一个在话题链中时常提及的概念是"视域"。在一段叙述中,事物总是通过某个角度进行呈现的。视域的本质是"一个以视觉为喻体的隐喻,表示一次认知过程所达到的范围,涵盖了这次过程涉及的所有对象和事态"(刘大为,2004:1)。认知有很多不同的方式,可以是"感知性"的,比如"看见""听见",或者笼统的"觉得""感到";可以是"理智性"的,比如"思索""认为""希望"等;还可以是带有情感色彩的,比如"害怕""喜欢""讨厌"(刘大为,2004:2)。上述动词均属于"意向动词"。所谓"意向"就是人或动物的意识对客体的指涉,表示意向方式的动词就是意向动词,每个意向动词都能"支配一个意向域",在句法上表现为宾语。意向动词区别于一般动词的地方在于,它不仅能带出一个或多个单独的事物,还能反映一个完整的事件(刘大为,2004:2-3)。

(12) He turned the gas on full and lit it; the room was suddenly filled with the glare and he looked round. He gasped. The whole place was wrecked. Everything in it had been willfully destroyed. Anger seized him, and he rushed into Mildred's room. It was dark and empty.

他把汽灯开关拧到最大,点上火,屋里一下被照亮了。他四下看了一圈,倒吸一口凉气。<u>只见</u>屋子一片乱七八糟,所有东西都被砸得稀巴烂。他火冒三丈,七窍冒烟,冲进米尔德里德的房间,却发现里面空无一人,漆黑一片。

在原文中,这段话描述的情景处在小说叙述者的视域中,观察对象包括菲利普和他所处的环境。在译文中,动词"只见"把读者领入了菲利普的视域,以他的方式观察和感受周遭的一切。从话题结构来看,如果没有"只见",那么"屋子"就以主话题的身份重启了一条话题链;加上"只见"后,"屋子"就被纳入菲利普的视域中,内在地呈现出来,成为上一条话题链的一部分,充当主话题"他(菲利普)"之下的"次话题"(王建国、邵志洪，2012：102）。这种处理避免了两条话题链进行切换时产生的界限感，减小了汉语感知过程的阻力。

(13) They sat side by side and chattered to one another, with smothered laughter: now and then they glanced at Philip and one of them said something in an undertone; they both giggled, and Philip blushed awkwardly, feeling that they were making fun of him.

她们俩并排坐着，一面喊喊喳喳地聊个不停，一面在吃吃地笑，并不时朝菲利普瞟上一眼，其中一位不知悄声儿说了句什么，<u>只听见</u>她俩格格地笑开了。菲利普尴尬得脸红耳赤，觉得她们暗中在拿自己打哈哈。

这段话的译文摘自张柏然、张增键和倪俊的译本（2011：100），写的是菲利普刚到海德堡时，在厄林教授夫人家用餐的情形。"她们俩"是与菲利普同坐一桌的海德薇小姐和西西里小姐，她们是第一次见到菲利普。两人笑出声的动作和菲利普脸红的动作在原文中通过"and"连接。左右两个小句的逻辑关联隐含在字里行间。张柏然、张增键和倪俊在原文的基础上加上了"只听见"三个字，放在"她俩格格地笑开了"前面，在一定程度上显化了这一逻辑，即菲利普是听到两姐妹的笑声才脸红的。从视域的角度来看，"只听见"隐含了菲利普的视角，将他的注意力和两个女孩的笑声联系到一起，相当于"听见"前面有一个"零形下指"的话题，因此才顺利过渡到了下一句以菲利普做主语的句子。

王建国和张虹（2016）指出，英汉笔译中，在主客体之间添加感官动词能使译文更加通顺，因为感官动词能将客体拉到主体的视角下，使两者同属一个维度，实现主客交融，凸显主体意识。根据本文的分析来看，想要在译文中添加原文没有的动词来增强连贯性，不仅仅可以使用感官动词，还可以考虑其他意向动词。因为汉语倾向于使用人称的主动表达（王建国、周冰洁，2017：58），所以在切换主客体话题的时候，多以意向动词做衔接。之所以感官动词的添加现象如此常见，是因为其他类型的意向动词在原文中通常已有对应的表达，所以少有"添加"的现象。但毋庸置疑的是，如果缺少了这些动词，译文的流畅度会有所折损。

3.2.2 语义逻辑完整

王建国（2016a：115-121）指出，英语表现出的动态感是"间续的且有层次的"，属于"波浪推动型"，波浪的峰值是句子的谓语动词。其他的动作含义以不定式或分词等非谓语形式构成焦点动词的背景。除去英语的布景结构，单单把动态句中的谓语动词提取出来，基本就能构成画面，但是表现出的动态方式是间续的。相较而言，汉语的动态感属于"水平推动型"，界限感弱，连续性强，整体给人涓涓细流之感。所以英汉笔译中，时常需要填补英语动词离散性带来的语义空缺。另一方面，由于西方人强调理性分析思维，所以英语有明显的主客两分意识，个体之间有清晰的界限，不同的句子描写不同的内容，且有物称使用倾向；汉语的情况相反，主客交融的意识明显，个体界限不明确，一句话中可以描述不同的内容，整体呈现出平面感（王建国，2017b）。因此，在添加动词弥补语义空缺时，还需要注意主客变化。

(14) She stretched out her arms, and the child nestled by her side.
她伸出双手<u>接过孩子</u>，让他稳稳地依偎在自己身旁。

这句话描写的是凯利夫人把年幼的菲利普抱到身边的情景。原文分别对凯利夫人和孩子做了描写，两句之间用"and"隔开，形成分界。对于两个人物的描写分别用了一个谓语动词：一个是凯利夫人伸手的动作，另一个是孩子依偎的动作，两者是离散的，描写的对象也不同，一个是过程的开端，一个是过程的结果，缺失了中间部分。因此，译者加上了"接过孩子"这个衔接动作，使过程描述更完整，同时把主客体连接起来，用"让"字统一主语，削弱个体之间的界限，增强连续性。

(15) The headmaster glared amicably at the two children, filling them with fear by the roar of his voice, and then with a guffaw left them.
"What's your name?"

"Carey."

"What's your father?"

"He's dead."

"Oh! Does your mother wash?"

"My mother's dead, too."

Philip thought this answer would cause the boy a certain awkwardness, but Venning was not to be turned from his facetiousness for so little.

校长满面和善地看着他俩,一把震耳欲聋的嗓音让孩子们心里发毛。他大笑着走开了,剩下两个孩子单独<u>聊天</u>。

"你姓什么?"

"凯利。"

"你爸爸是干吗的?"

"他去世了。"

"啊!那你妈妈是给人家洗衣服的吗?"

"我妈妈也去世了。"

菲利普希望这样的回答能让男孩感到一点不妥,不再发问,但是威宁依旧很不识相地调侃着他。

这部分描写的是菲利普到校第一天面见校长时遇到威宁的场景。原文描写校长的部分以校长笑着离开两个孩子为结尾,紧接着就是两个孩子的对话部分。如果紧贴原文翻译,比如译作"校长笑着走开了"或"校长笑着离开了他们",那么直接切换到对话会很突兀,读者第一时间很难反应过来是谁在说话。译者通过加上"聊天"这个动词,补充了事情的发展经过,让读者明白,校长离开之后两个孩子开始了对话。

在这个例子中,"孩子"既可以看作"剩下"的宾语,又可以和"聊天"放在一起看作引出下文对话的主谓结构;甚至可以认为对话的前面省略了"两个孩子谈论道",如果这样来看,相当于译者把下一句的主语先放到上一句的宾语位置,结构上类似"顶真"的修辞。屈承熹(2010)指出,"顶真"的修辞具有篇章结构中的连接功能。这是因为顶真"能反映事物的因果连锁关系",因而能"环环相扣,促使语言结构严密";"为事物之间的上承下递紧密联系服务，使话语通顺流畅"（宗廷虎、陈光磊，2007：1675-1685）。究其本质而言，顶真之所以能促进连贯性，是因为新旧信息的转换非常自然：第一次先引进一个新话题或者其中的一部分，第二次重复刚才的话题，并在这个旧消息的基础上，添加与之相关的新消息。如此一来，就形成了环环相扣的"AB1–B2C"模式，其中 B1 为新消息，B2 为旧消息，C 为新消息（屈承熹，2010：5）。这种话题链中，先给话题后给说明的结构类似，只不过话题链一般不重复话题，而是采用零形式。通过上面这个例子的分析可以发现，话题链之间也可以利用类似顶真的形式增强连贯性。

(16) He was glad to get his petition into a formula, and he repeated it later in the dining-room during the short pause which the Vicar always made after prayers, before he rose from his knees. He said it again in the evening and again, shivering in his nightshirt, before he got into bed. And he believed.

他把自己的祈祷编成了一套词儿，心里挺高兴。在餐厅吃早饭前，牧师做完祷告之后的空当里，他跪在地上又默默重复。晚上睡觉前像昨天一样穿着睡衣，浑身哆嗦着又说了一遍。他<u>不只是说</u>，还坚信不疑。

这段话写的是菲利普祈祷全能的上帝能治好自己的跛足。原文最后"And he believed"虽然独自成句，但在语义逻辑上承接前文，补充说明菲利普不光是嘴上说说，而是打心底里认为只要虔心祈祷，上天一定会帮忙实现愿望。译者没有照着字面直译为"而且他还坚信不疑"，而是重复了一遍"说"这个动词，并添加了新信息——"不只是"三个字来引出后文想要强调的信息"坚信不疑"。这种通过添加动词来实现类似"顶真"效果的方法，加强了前后文的联系，创造出环环相扣之感，增添了原文的气势。

(17) In desperation Philip clenched his fist and hit the boy who

tormented him, but he was at a disadvantage, and the boy seized his arm. He began to turn it.

"Oh, don't, don't," said Philip. "You'll break my arm."

"Stop still then and put out your foot."

Philip gave a sob and a gasp. The boy gave the arm another wrench. The pain was unendurable.

"All right. I'll do it," said Philip.

He put out his foot. <u>Singer still kept his hand on Philip's wrist. He looked curiously at the deformity.</u>

走投无路的菲利普捏紧拳头朝这个折磨自己的男孩挥去。但他显然不占上风,拳头还没挥几下,辛格就抓住了他的胳膊使劲往后扭。

"啊,别,别,胳膊要断了。"

"那就别折腾了,给我看看你的脚。"

菲利普呜咽一声,吸了口气。男孩又是一扭,这一下让他疼得钻心。

"好。我给你们看。"

他把脚伸出被子。辛格没有松手,<u>只把眼睛凑了上去</u>,好奇地打量着这个畸形的脚丫子。

菲利普在辛格的强迫下答应了露出跛足的要求。原文画线部分对辛格的描写包括两个动作:抓着菲利普的手腕、看着菲利普的跛足。如果单纯地翻译这两个动作,把译文改成"辛格没有松手,好奇地打量着这个畸形的脚丫子",可能比起原译来连贯性略差。虽然已经去掉了代词"He(他)",把两句合并为一句,但是"手"和"打量"之间似乎有些跳跃,毕竟"打量"是用眼而非用手。译者在两个动作之间加上一句"只把眼睛凑了上去"起到了很好的过渡作用,先给出了"眼睛"这个信息,然后再以此为旧信息,添加新信息"打量",使整个感知过程更加流畅。

在满足语义逻辑完整方面,还有一种情况也需要添加原文没有的动词——说明时间。英语是以心理势能为导向的语言,感知驱动力向上,被感知的事物以心理重量轻重为先后依次上升,上升后各部分需要相互参照，包括通过时间标记来表示事件发生顺序，而时间标记是由动词来承载的，也就是所谓的动词时态变化（王建国，2016b：41）。汉语由于缺乏时态标记，往往需要通过添加时间词汇等来明示时空转换，否则情节会很跳跃，造成误读（王建国，2017a：35）。除了"从前""那天"等时间词汇外，还可以添加动词短语或包含动词的短句来表示时间。

(18) Mr. Watson came into the dormitory. Raising himself on tiptoe he could see over the rod that bore the green curtain, and he looked into two or three of the cubicles. The little boys were safely in bed. He put out the light and went out.

Singer called out to Philip, but he <u>did not answer</u>. He <u>had got his teeth in the pillow</u> so that his sobbing should be inaudible.

沃森先生走到两三个隔间门口，踮着脚从挂着绿色布帘的杆子上往里瞅瞅。看到男孩们都安安稳稳地躺在床上，他就关了灯走出宿舍。

辛格叫了菲利普一声，但是没有任何回应。<u>刚才沃森先生来检查的时候</u>，菲利普一直咬着枕头，恐怕别人听见自己的啜泣。

原文中，菲利普"没有回应"和"咬着枕头"这两个动词分别是过去式和过去完成时，也就是说"咬着枕头"这个动作发生在"没有回应"之前。脱离语境来说，遵循时序的翻译可能更加符合汉语的特征，但是除了物理时序外，译者还应该"把握作者的心理时间"（王建国、邵志洪，2012：100），也就是作者希望读者感知的顺序。因此，为了满足心理时间叙事，同时又照顾到汉语对物理时间的依赖，译者在两句中间添加了时间状语，把时间又调回到"检查"这个动作发生的时间点上。

3.2.3 过程细节强化

汉语是心理动能导向的语言，通过强化甚至夸张过程细节等手段，可以增加语言形式的重量，加快过程感知速度，从而增大动能。在英汉笔译中，合理添加动词是强化过程细节的方法之一。

(19) They waited for the headmaster.

"What's Mr. Watson like?" asked Philip, after a while.

"You'll see for yourself." There was another pause.

Mr. Carey wondered why the headmaster did not come. <u>Presently Philip made an effort and spoke again.</u>

"Tell him I've got a club-foot," he said.

他们在那里等着校长。

"沃森先生长什么样？"等了一会儿，菲利普忍不住问。

"你待会儿就见到了。"

又是一阵沉默。凯利先生正纳闷校长怎么还不来，<u>菲利普沉思片刻，忽然鼓起勇气说：</u>"跟校长说我的一只脚有毛病。"

这段话描述的是菲利普第一天到学校面见校长前的情景。比照画线部分的原文和译文就能发现，"沉思"这个动词并没有出现在原文中，是译者添加的。原文只说"过了一会儿（presently），菲利普鼓起勇气（made an effort）让伯伯告诉校长自己的脚有毛病"。至于在这片刻的时间中，菲利普做了什么，原文并没有交代，只提到了这段时间后菲利普做出的决定，相当于只描述了整个过程的结果。译文用动词"沉思"充实了这段时间，也进一步体现出菲利普的心理活动，表明他在考虑如何让校长知道自己跛足这件事。

(20) While Philip was nursing his shin a third boy appeared, and his tormentor left him. In a little while he noticed that the pair were talking about him, and he felt they were looking at his feet. He grew hot and uncomfortable.

菲利普正揉着小腿时，又来了第三个男孩，威宁同他一起离开了。菲利普注意到这两个人在<u>窃窃私语</u>，谈论他的事，好像还在看他的脚。他开始觉得脸上滚烫，浑身不自在。

这段话讲了欺负菲利普的同学威宁和另一个同学议论他的场景。原文只提到两人在"谈论（talking about）"菲利普，但是译文又加上了"窃窃私语（whisper）"这个词，强化了"谈论"这个动作，表明了菲利普对两人言谈的直观感受，他显然觉得这两个男孩在背地里说自己的坏话。这种细化的描述一方面更加生动地描绘出说话者的形象，另一方面也更能凸显听者的心态，使整个过程的动态感更强。

(21) Philip's heart went out to the red-faced, commonplace young man who said a gentle word to him. He suddenly felt less unhappy.

看到眼前这个脸蛋红红、其貌不扬的人对自己如此温柔友善，菲利普的心渐渐温暖起来。他挺喜欢这个老师的，也忽然感到没有那么难过了。

这段话中的"young man"是菲利普的老师赖斯先生。他为菲利普化解尴尬，还很照顾人地配合他的步速，陪他一同去足球场。老师的好意让菲利普非常感动。原文"Philip's heart went out to the [...] young man"在译文中被处理成了两个小句。除了写菲利普"喜欢"这位老师外，译者还加上了"心渐渐温暖起来"，将"心生好感"这个动作细化了。"温暖"一词无疑展现出，对于备受欺凌的菲利普来说，赖斯先生就像冬日里的一抹阳光，为他驱走了些许寒冷。此处的细节强化牢牢抓住了本句的焦点信息，凸显了菲利普的主观感受。

(22) He lost two of his small nibs quickly, and Singer was jubilant, but the third time by some chance the Jumbo slipped round and Philip was able to push his J across it. He crowed with triumph.

只可惜好景不长，到了第三轮"大块头"不小心滑了一下，菲利普的小笔尖趁机而入，推到了它上面。他好歹赢了一局，<u>乐得手舞足蹈</u>。

这段话中，辛格和菲利普在玩名为"笔尖战"的游戏。两人用钢笔尖比赛。只要把自己的笔尖推到对方的笔尖上，就能得分，同时也要小心

209

防守。面对辛格名为"大块头（Jumbo）"的大笔尖，菲利普凭借自己高超的技术，用小笔尖（J pen）反败为胜，内心充满了喜悦（crowded with triumph）。在译文中，这种喜悦被具象化了，通过"手舞足蹈"这个动作体现出来。虽然原文并没有这层含义，但是这种夸张的细节强化在没有扭曲原文意思的前提下，大大提高了译文产生的心理动能，对读者心理的冲击力更强。就菲利普这个角色而言，还形成了某种反差，让读者看到平时受辛格欺负而敏感闭塞的菲利普还有另外一面。

3.3 动词的删减

3.3.1 心理重量与感知速度的取舍

增加汉语心理动能的方法有两种：语言形式增重和感知过程加速。"心理重量加大时，心理宽度和尺寸都加大"，受到的阻力也会加大，类似于落体受到的空气阻力（王建国，2016c：269）。因此不能无限制地增加语言形式的心理重量，还需要确保语言的感知速度，在两者之间取得平衡，这也是英汉笔译中删减动词的原因之一。

(23) Mrs. Carey, knowing by what train they were coming, <u>waited</u> in the drawing-room and <u>listened</u> for the click of the gate. When she <u>heard</u> it she went to the door.

凯利夫人提前知道他们坐哪班火车到，所以已经在客厅等着了。她听到大门打开的声音之后就往门口走。

此处凯利夫人正在等待从伦敦坐火车回来的凯利先生和菲利普。原文有两个动词表示听："listened"和"heard"。两个动词的宾语所指一致，都是大门打开的声音。虽然语义略有差别，一个是过程性的"听着"，一个是结果性的"听到"，但是由于前面已经有"等"这个动词来描述"听着"的阶段，所以两个"听"都译出来会略显重复。保留结果性的"听到"就足以表达原文的意思，和"等"字的衔接也很顺畅。

(24) He remembered then that his uncle had said he might take something to remember his father and mother by. <u>He told Emma and asked her what he should take.</u>

菲利普想起来伯伯让他带上点东西纪念父母，就问埃玛该带什么。

此处讲的是菲利普在寄住伯伯家之前打算拿点父母的遗物留作纪念，就向保姆埃玛征求意见。原文画线部分将菲利普询问埃玛的过程分为两个步骤，先是告诉埃玛这件事（told），再是征求意见（asked），两者之间以"and"隔开。译文除了删除代词、连词，合并话题链来加强流畅性外，还省译了"told"这个动词。从语义逻辑上看，"问埃玛该带什么"已经包含了"告诉埃玛这件事"这一前提，如果把两者都译出来，并以逗号隔开，感知速度会相对变慢，而这一部分的信息含量又不多，没有细节强化的必要，所以删减动词可能是比较合理的选择。

(25) "What's the matter with your foot?"
Philip instinctively tried to <u>withdraw</u> it from sight. He <u>hid</u> it behind the one which was whole.
"你脚怎么了？"
菲利普本能地把自己的跛足缩到正常的那只脚后面。

这是菲利普与同学威宁第一次见面的场景。在此前的对话中，威宁很不识相地调侃了菲利普，让他有些抵触。在看到菲利普的跛脚后，威宁又想戏弄他。敏感的菲利普本能地做出反应。原文描写了"收脚（withdraw）"和"藏脚（hid）"两个动作，但在译文中只用了一个"缩"字。至于"藏"的意思则通过落脚点的位置来体现。如果依照原文，把两个动作分开来写，就相当于把一个连续的过程拆分成两段。介于两个动作之间的逗号相当于"另一形式的虚字"（吕叔湘、朱德熙，2005：218），构成界限，削弱了连续性。单用一个"缩"字来描述整个过程感知速度更快，更符合原文所说的"本能"反应。

(26) The little boy accompanied the words with a sharp kick on Philip's shin, which <u>Philip did not expect and thus could not guard against.</u> The pain was so great that it made him gasp, but greater than the pain was the surprise.

威宁一边说，一边恶狠狠地朝菲利普的小腿踹了一脚。毫无防备的菲利普疼得倒吸一口凉气。比这阵疼痛还要来得猛烈的，是菲利普内心的震惊不解。他想不通为什么威宁会踹他，也完全没有意识要反击一拳。

原文画线部分有两个动作含义："预料（expect）"和"防备（guard）"。但在译文中仅出现了"毫无防备"一词，没有说明菲利普是否有预料到威宁的行动，似乎默认了毫无防备就等于是没料到。在语境中，该逻辑是成立的，因为此时菲利普是第一天到校，心中充满了期待，也是第一次与威宁见面，对校园霸凌还一无所知，自然不会料到比自己小的同学竟然会一言不合就动手。这一点从后文的解释中也可以看出，也正因为后文有解释，所以前文的省略问题不大，反倒因为整合成四字短语，让语言形式变得更加规整，加快了感知速度。

(27) Then one of them had the brilliant idea of imitating Philip's clumsy run. Other boys saw it and began to laugh; then they all copied the first; and they ran round Philip, limping grotesquely, screaming in their treble voices with shrill laughter. <u>They lost their heads with the delight of their new amusement, and choked with helpless merriment.</u> One of them tripped Philip up and he fell, heavily as he always fell, and cut his knee. They laughed all the louder when he got up. A boy pushed him from behind, and he would have fallen again if another had not caught him.

一个高年级的男孩灵机一动，模仿菲利普笨拙地跑了几步。剩下的人看见都捧腹大笑，也开始一瘸一拐地绕着菲利普跑，他们大喊大叫，笑声刺耳。<u>所有人都被这个新发现的乐子逗得不行。</u>其中一个还绊了菲利普一脚。他重重地倒下，摔破了膝盖，刚挣扎着在哄笑中站起来，却又被人从后面推了一把，要不是有人拉住他，保准又会摔倒。

原文画线句的前半部分和后半部分有意思重叠。"lost their heads with the delight of [...]"和"choked with helpless merriment"都是英语中比较形象的表达，表示"高兴得昏了头"。译者在处理时，做了同义合并，因为这部分的重点不在于男孩们笑得有多开心，而在于他们是怎样边欺负菲利普边嘲笑他的。画线句在文中起到了承上启下的作用，上承男孩们的笑声，下启其中一个男孩耍乐子的经过。由于过渡句较短，上下文对男孩们动作的描写联系得比较紧密，因此删减动词的处理是比较合理的。

(28) Singer was only eleven and would not go to the upper school till he was thirteen. Philip realised that he must live two years with a tormentor from whom there was no escape.

辛格今年才十一岁，他要在这里再待两年。菲利普知道在这段时间里自己无处可逃。

这个例子中同样出现了因语义重复而删减动词的情况。虽然原文用了不同的表述，但是"辛格十三岁才去高年级"和"这两年菲利普得和辛格住一起"是同一个逻辑。用"再待两年"说明情况后，就相当于做好了铺垫，可以直接引出菲利普在这段时间里的处境，即"无处可逃"。如果重复"菲利普还得和辛格住两年"，就显得冗余，拖慢了感知速度。

3.3.2 动静分明状态向连续状态的转换

英语往往采取分级处理的方式来减少上升阻力，增加心理势能，其中一方面体现在英语"以意群为单位"；"英语小句表述的内容往往表现出状态的单一性，即动态或静态，动作性动态或静态性动态，这样或那样的静态"（王建国，2016c: 271）。汉语则强调状态的连续性。因此英汉笔译中，有时会通过删减动词来实现状态的连贯。

(29) He tried to make himself smaller still as he cuddled up against his mother, and he kissed her sleepily. In a moment <u>he closed his eyes and was fast asleep</u>.

偎着母亲，他的身体蜷缩成小小的一团，睡意蒙眬地亲吻着她，没过多久，就又进入了梦乡。

此处描写的是年幼的菲利普躺在母亲身边的情景。原文最后一句的两部分是动静分明的，前半部分"阖上眼睛"是动态的，后半部分"酣睡着"是静态的。入睡的整个过程在原文中只出现了开头和结尾片段，中间部分缺失。张乐删除了原文动词，代之以"进入（梦乡）"，用一个词就把整个过程写全了，如此一来动静之分不复存在，语义变得更加连贯。

(30) The doctor came forwards and <u>stood</u> by the bed-side.
这时医生走进屋，来到床前。

和上例相同，原文这句话的前后两部分分别描写了动态和静态的动作。在译文中，"走进屋"是译者添加的成分，暂不予以讨论。可以注意到，如果把"来到床前"回译成英语会得到"came forwards to the bed-side"，和原文相比少了"stood by"的动作。如果保留这个动词、直译原文的话，可能得到"医生走过来，站在床前"的译法，同样有过程断裂的情况，逗号后的"站"字被过分突出，实则没有必要，因为医生一直是站着的。原文想要说明的只是"停在床边"的结果性状态，用"到床边"足以说明。再加上"来到"二字简洁明了，几乎不占用读者的精力，信息处理得很快，有利于增加译文的心理动能。

4 结论

4.1 研究结论

本文通过译例分析发现英汉笔译中存在替换、添加、删减这三种动词非对应转换策略。

这些策略的使用方法如下：

在动词替换方面，使用汉语的过程性动词取代英语的结果性动词。具体而言，从事件发生的结果向前推导，就能找到促成结果的过程性动词。无论是弱势动词与强势动词之间的转换，还是强势动词与强势动词之间的转换，都遵循这条规律。这种方法同样适用于词类转换中的"动词化"策略。同时，原文的隐式报道动词在译文中往往转换成显式报道动词。

在动词添加方面，有以下三种情况：一、在原文出现多条话题链的情况下，往往在话题链之间添加动词，将原文内容整合成一条单主语的话题链；由于汉语多用人称做主语，所以通常是在主客交接处，添加包括感官动词在内的意向动词。二、当原文描述的状态或过程之间存在断裂时，添加动词连接上下文。若原文叙述顺序不符合物理时间，则通过添加表示时间的动词短语或包含动词的短句来说明时间变化。三、在焦点信息的位置添加动词，强化对事件发生过程的细节描述。

在动词删减方面，有以下两种情况：一、合并意思相近的动词。二、当原文动词的表述状态存在断裂时，删减部分动词来保证过程的连续性。

在英汉笔译中使用上述动词非对应转换策略的原因如下：

替换动词主要是考虑到汉语的过程取向与心理动能取向。首先，英语的结果取向导致英语多用结果性动词，而汉语的过程取向决定了汉语多用过程性动词，故在翻译时需要转换。同时，汉语的心理动能取向决定了汉语的报道动词比英语的报道动词更加丰富。因此，在英汉笔译中，译者往往选择显式报道动词来体现说话人的语气、态度和说话方式，增加报道动词的心理重量，从而增加译文的心理动能。

添加动词有三种可能原因：一、话题链连贯性需要；二、语义逻辑完整需要；三、过程细节强化需要。从话题链连贯性来看，话题的"零形回指"起到了关键作用。译者通过统一主语、合并话题链，能够减小译文的空间性，增强时间性，使语言更加流畅。具体而言，译者在主客交接处添加意向动词，能将客体纳入认知主体的视域之下，变为主话题下的次话题，减小了话题切换产生的界限感。从语义逻辑完整来看，添加动词可以填补英语动词离散性带来的语义空缺，使过程表述完整，同时还能衔接主客变化,削弱个体间的界限,增强连续性,实现类似"顶真"修辞中的新旧信息转换模式。此外,添加动词来表示时间,是因为英语有时态标记而汉语没有,所以只能通过添加时间词来呈现原文的叙述顺序。从过程细节强化来看,添加动词可以细化过程描写,增加语言形式的重量,加快过程感知速度,从而提高译文产生的心理动能。

删减动词主要有两方面原因:一、在没有强化过程细节需要的前提下,通过同义合并等手段删减原文动词,可以增加过程的感知速度。二、通过删减动词打破原文各小句动静分明的状态,可以实现过程的连续性,加大译文的心理动能。

4.2 不足与展望

本文有以下不足需要改进:

首先,个案研究虽然能达到其他研究方法难以企及的深度,但是广度不足。本文只归纳分析了《人性的枷锁》中译本的部分译例,没有统计译本中所有相关译例的情况。若能从更多译例和案例中获得类似的结论,则更具有普遍意义,因为案例越多,就越有可能排除"异质性"的干扰(Gomm 2000:107)。未来的研究者可以用本文结论作为基础,通过更加全面细致的案例研究,验证结论的信度。例如,研究者可以自建语料库,输入并统计多个译本中动词非对应转换的相关数据,探索动词非对应转换的一般规律,以更详实的语料获取更可靠的结论。

其次,本文研究的文本类型有限。笔者只选取了文学文本中的成长小说(Bildungsroman)作为研究对象,因此所得结论主要适用于文学文本的翻译。虽然结论对于其他类型的文本也有借鉴意义,但是无法确定是否能够完全迁移,尚需进一步检验。

再次,研究方法有待丰富。研究者可以设计实验来验证动词非对应转换策略的有效性,比如将各方面条件相近的受试者分为实验组和对照组,仅让实验组学习本文总结的动词使用策略,然后进行文学文本翻译测试,再由专业评审评分。即便是观察性研究,也可以使用材料进行定量分析,比如统计动词非对应转换现象在该小说以及其他文学作品或其他类型文本中的出现频率。除了对文本进行"观察对比"外,还可以通过"深度访谈"等方法来观察"译者认知心理过程"(穆雷,2011:135)。

最后,关于何时添加和删减动词的讨论还有待深入研究,尤其是涉及过程细节强化的情况,需要更明确的标准来判断如何平衡译文的语言形式重量和感知过程速度。

参考文献

1. A. C. Andersen, C. S. Jose, A. Archipowa (2002). *The Little Match Girl* [M]. New York: Penguin Group (USA).
2. Alexandre Dumas (2007). *The Count of Monte Cristo* [M]. New York: Dover Publications.
3. Bacon Francis (2000). *Essays* [C]. 北京：外语教学与研究出版社：138-139.
4. Celeste Ng (2015). *Everything I Never Told You* [M]. London: Penguin Books.
5. Charles Dickens (1984). *A Tale of Two Cities* [M]. New York: Bantam Classics.
6. Charles Dickens (2005). *Oliver Twist* [M]. New York: New American Library.
7. Charlotte Brontë (2000). *Jane Eyre* [M]. New York: Houghton Mifflin Harcourt.
8. Daniel Defoe (1994). *Robinson Crusoe* [M]. London: Penguin Books.
9. Emily Brontë (2009). *Wuthering Heights* [M]. New York: Harper Collins Publishers.
10. Emily Dickinson (1960). *The Complete Poems of Emily Dickinson* [M]. Thomas H. Johnson, Boston: little, Brownand Company (Canada) Limited.

11. Ernest Hemingway (1989). *The Old man and The Sea* [M]. Beijing: World Publishing Corporation.

12. Ernest Hemingway (1999). *A Farewell to Arms* [M]. New York: Random House.

13. F. Scott Fitzgerald (2000). *The Great Gatsby* [M]. London: Penguin Books.

14. F. Scott Fitzgerald (2001). *Tender is the Night* [M]. London: Penguin Classic.

15. George Orwell (1961). *1984* [M]. New York: New American Library.

16. Halliday, M. A. K. and Hasan, R. (1976). *Cohesion in English* [M]. London: Longman Group Limited.

17. Hatim, B. and Munday, J (2004). *Translation: An Advanced Resource Book* [M]. London and New York: Routledge.

18. H. B. Stowe (2008). *Uncle Tom's Cabin* [M]. New York: Signet Classics.

19. J. D. Salinger (2001). *The Catcher in the Rye* [M]. Boston: Back Bay Books.

20. James Joyce (2016). *Ulysses* [M]. Nanjing: Yilin Press.

21. Jane Austen (1983). *Pride and Prejudice* [M]. New York: Random House.

22. Jiri Levy (1967). Translation as a Decision Process [A]. in: *To Honor R. Jakobson (Essays on the Occasion of his Seventieth birthday)* [C]. The Hague, Mouton vol. II 1967 Janua Linguarum Series: 1171-1182.

23. John Galsworthy (1956). *A Modern Comedy* [M]. London: William Heinemann.

24. Li C. I. (1985). *Participant Anaphora in Mandarin Chinese.* Ph.D. Dissertation. Florida: University of Florida.

25. Li C. N. and Thompson S. A. (1976). *Subject and Topic: A New Typology* [C]. New York: Academic Press: 457-489.

26. Margaret Mitchell (2008). *Gone with the Wind* [M]. London: Pan Macmillan.

27. Mark Twain (1994). *The Adventures of Huckleberry Finn* [M]. Beijing: Foreign Language Press.

28. Nathaniel Hawthorne (2004). *The Scarlet Letter* [M]. New York: Pocket Books.

29. Nida, E. A. & Taber, C. R (1982). *The Theory and Practice of Translation* [M]. Leiden: The United Bible Societies.

30. Nida, E. A. (1964). *Toward A Science of Translation: with special reference to principles involved in Bible translating* [M]. Leiden: E. J. Brill.

31. Nida, E. A. (1982). *Translating Meaning* [M]. California: English Language Institute.

32. NRSV Bible Translation Committee (2006). *The New Revised Standard Version Bible* [M]. New York: Oxford University Press.

33. Oscar Wilde (2007). *The Happy Prince and Other Stories* [M]. London: Penguin Books.

34. Robert Luis Stevenson (2012). *Dr Jekyll and Mr Hide* [M]. London: Penguin Classics.

35. Salinger, Jerome D. (1991). *The Catcher in the Rye* [M]. New York: Little, Brown and Company.

36. Shi, Dingxu. (石定栩) (1992). *The Nature of Topic Comment Constructions and Topic Chains*. Ph.D. Dissertation. Los Angeles: University of Southern California.

37. Sperber, Dan. & Deidre Wilson (1986/1995). *Relevance: Communication and Cognition* [M]. Oxford: Blackwell.

38. Stein, J. M. (1987). *The Random House Dictionary of the English Language (unabridged) 2nd edition* [M]. New York: Random House Inc.

39. Thomas Hardy (2007). *Tess of the D'Urbervilles* [M]. New York: Broadview Press.

40. Tsao Fengfu (曹逢甫) (1979). *A Functional Study of Topic in Chinese: The First Step Towards Discourse Analysis* [M]. Taipei: Student Book Co.

41. William Makepeace Faulkner (2003). *A Rose for Emily* [M]. Beijing:

Foreign Language Teaching and Research Press.

42. William Makepeace Thackeray (1994). *Vanity Fair* [M]. London: W. W. Norton & Company.

43. William Somerset Maugham (1973). *The Razor's Edge* [M]. New York: Pocket Books.

44. William Somerset Maugham (1991). *Of Human Bondage* [M]. New York: Bantam Classics.

45. 艾米丽·勃朗特（1995）．呼啸山庄 [M]．方平译．上海：上海译文出版社．

46. 艾米莉·勃朗特（2011）．呼啸山庄 [M]．杨苡译．南京：译林出版社．

47. 艾米莉·勃朗特（2015）．呼啸山庄 [M]．张玲、张扬译．北京：人民文学出版社．

48. 艾米莉·勃朗特（2018）．呼啸山庄 [M]．宋兆霖译．长春：吉林大学出版社．

49. 奥斯卡·王尔德（1909）．安乐王子（域外小说集 [M]）．周作人译．北京：新星出版社．

50. 奥斯卡·王尔德（2010）．快乐王子 [M]．巴金译．上海：上海译文出版社．

51. 奥斯卡·王尔德（2017）．快乐王子 [M]．苏福忠，张敏译．北京：中译出版社．

52. 曹逢甫（1990/2005）．汉语的句子与子句结构（*Sentence and Clause Structure in Chinese: a Functional Perspective*）[M]．王静译．北京：北京语言大学出版社．

53. 查尔斯·狄更斯（1981）．雾都孤儿 [M]．荣如德译．上海：上海译文出版社．

54. 查尔斯·狄更斯（2010）．雾都孤儿 [M]．何文安译．南京：译林出版社．

55. 查尔斯·狄更斯（2016）．双城记 [M]．宋兆霖译．北京：中译出版社．

56. 查尔斯·狄更斯（2018）．双城记［M］．张玲，张扬译．北京：中国友谊出版社．

57. 陈国华、王建国（2010）．汉语的无标记非主语话题［J］．世界汉语教学（3）：310—324．

58. 戴浩一（2002）．概念结构与非自主性语法：汉语语法概念系统初探［J］．当代语言学（01）．

59. 戴浩一（2007）．中文构词与句法的概念结构［J］．华语文教学研究4（1）：1—30．

60. 丹尼尔·笛福（1990）．鲁宾逊漂流记［M］．徐霞村译．北京：人民文学出版社．

61. 丹尼尔·笛福（2016）．鲁宾逊漂流记［M］．郭建中译．北京：中国对外翻译出版公司．

62. 狄金森（2010）．狄金森诗选［M］．蒲隆译．上海：上海译文出版社．

63. 方梦之（2011）．英语科技文体：范式与翻译［M］．北京：国防工业出版社．

64. 菲茨杰拉德（2011）．夜色温柔［M］．主万，叶尊译．北京：人民文学出版社．

65. 傅雷（1984）．论文学翻译书［A］．罗新璋编．翻译论集［C］．北京：商务印书馆．

66. 傅斯年（1919）．怎样做白话文？［J］．新潮（2）：171—184．

67. 管建华（1985）．中西音乐及其文化背景之比较［J］．音乐探索(四川音乐学院学报)（4）：13—23+38．

68. 桂诗春（2002）．《外研社当代语言学丛书》总序（A）．当代句法学导论［M］．温宾利．北京：外语教学与研究出版社：viii—x．

69. 汉斯·安徒生（2018）．卖火柴的小女孩［M］．叶君健译．长春：吉林出版集团有限公司．

70. 黄忠廉、白文昌（2010）．俄汉双向全译实践教程［M］．哈尔滨：黑龙江大学出版社．

71. 黄忠廉、许萍（1997）．汉译偏正结构中"的"字最佳用量探析［J］．当代修辞学（6）：40—41．

72. 贾文波（2004）．应用翻译功能论［M］．北京：中国对外翻译出版社．

73. 简·奥斯丁（2009）．傲慢与偏见［M］．张经浩译．北京：中国对外翻译出版公司．

74. 简·奥斯丁（2015）．傲慢与偏见［M］．张玲译．北京：人民文学出版社．

75. 简·奥斯汀（2002）．傲慢与偏见［M］．王科一译．上海：上海译文出版社．

76. 简·奥斯汀（2009）．傲慢与偏见［M］．辛慧译．沈阳：万卷出版社．

77. 简·奥斯汀（2010）．傲慢与偏见［M］．孙致礼译．南京：译林出版社．

78. 简·奥斯汀（2011）．傲慢与偏见［M］．罗良功译．武汉：长江文艺出版社．

79. 姜望琪（2005）．汉语的"句子"与英语的 sentence［J］．解放军外国语学院学报（1）：10—15．

80. 杰罗姆·塞林格（2011）．麦田里的守望者［M］．施咸荣译．南京：译林出版社．

81. 老舍（2000）．骆驼祥子［M］．北京：人民文学出版社．

82. 李立玮（2004）．苇间风 中英对照［M］．北京：中国社会科学出版社．

83. 连淑能（1993）．英语的"抽象"与汉语的"具体"［J］．外语学刊（黑龙江大学学报）（3）：24—31．

84. 连淑能（2002）．论中西思维方式［J］．外语与外语教学（2）：40—46+63—64．

85. 林以亮（编）（1976）．美国诗选［M］．余光中等译．香港：今日世界出版社．

86. 林语堂（1984）．论翻译［A］．罗新璋编．翻译论集［C］．北京：商务印书馆．

87. 灵石（2009）．灵石译诗集［M］．李永毅译．香港：Grand Wisdom

Publisher Inc.

88. 刘丹青（1995）．语义优先还是语用优先 [J]．语文研究（2）：10—15．

89. 刘宓庆（1980）．试论英汉词义的差异 [J]．外国语（1）：16—20．

90. 刘宓庆（2006）．新编汉英对比与翻译 [M]．北京：中国对外翻译出版公司．

91. 陆谷孙（2000）．人间尽秋 [J]．中国翻译（1）：7．

92. 陆谷孙（2007）．英汉大词典（第2版）[M]．上海：上海译文出版社．

93. 吕俊、侯向群（2001）．研究生英汉翻译教程 [M]．上海：上海外语教育出版社．

94. 吕叔湘、朱德熙（1952）．语法修辞讲话 [M]．北京：开明书店．

95. 吕叔湘（1979）．汉语语法分析问题 [M]．北京：商务印书馆．

96. 吕叔湘（1982）．中国文法要略 [M]．北京：商务印书馆．

97. 吕叔湘（2002）．吕叔湘文集 [M]．长春：东北师范大学出版社．

98. 马洪林（1994）．戊戌后康有为对西方世界的观察与思考 [J]．传统文化与现代（1）：19—28．

99. 马克·吐温（1956）．哈克贝利·费恩历险记 [M]．张友松，张振先译．北京：中国青年出版社．

100. 玛格丽特·米切尔（1990）．飘 [M]．陈良廷译．上海：上海译文出版社．

101. 玛格丽特·米切尔（1990）．飘 [M]．戴侃，李野光，庄绎传译．外国文学出版社．

102. 玛格丽特·米切尔（2006）．飘 [M]．李明译．武汉：武汉大学出版社．

103. 玛格丽特·米歇尔（1990）．飘 [M]．黄怀仁，朱攸若译．杭州：浙江文艺出版社．

104. 玛格丽特·米歇尔（1995）．飘 [M]．简宗译．长春：长春出版社．

105. 玛格丽特·米歇尔（2008）．飘 [M]．傅东华译．杭州：浙江文艺出版社.

106. 毛荣贵（2005）. 翻译美学 [M]. 上海：上海交通大学出版社.

107. 纳撒尼尔·霍桑（1991）. 红字 [M]. 胡允桓译. 北京：人民文学出版社.

108. 纳撒尼尔·霍桑（2002）. 红字 [M]. 侍桁译. 上海：上海译文出版社.

109. 纳撒尼尔·霍桑（2003）. 红字 [M]. 周晓贤译. 浙江：浙江文艺出版社.

110. 纳撒尼尔·霍桑（2005）. 红字 [M]. 熊玉鹏译. 北京：北京燕山出版社.

111. 纳撒尼尔·霍桑（2008）. 红字 [M]. 姚乃强译. 北京：华夏出版社.

112. 纳撒尼尔·霍桑（2015）. 红字 [M]. 黄水乞译. 北京：北京理工大学出版社.

113. 欧内斯特·海明威（1979）. 老人与海 [M]. 海观译. 上海：上海译文出版社.

114. 欧内斯特·海明威（1991）. 永别了，武器 [M]. 汤永宽译. 杭州：浙江文艺出版社.

115. 欧内斯特·海明威（2000）. 老人与海 [M]. 宋碧云译. 台湾：桂冠出版社.

116. 欧内斯特·海明威（2004）. 老人与海 [M]. 吴劳译. 上海：上海译文出版社.

117. 欧内斯特·海明威（2006）. 永别了，武器 [M]. 林疑今译. 上海：上海译文出版社.

118. 欧内斯特·海明威（2012）. 老人与海 [M]. 余光中译. 南京：译林出版社.

119. 欧内斯特·海明威（2012）. 永别了，武器 [M]. 方华文译. 南京：译林出版社.

120. 欧内斯特·海明威（2015）. 老人与海 [M]. 张爱玲译. 北京：北京出版集团.

121. 潘文国（1997）. 英汉对比纲要 [M]. 北京：北京语言文化大学出版社.

122. 潘文国（2008）. 危机下的中文 [M]. 沈阳：辽宁人民出版社.

123. 培根（2003）. 培根人生论 [M]. 何新译. 西安：陕西师范大学出版社.

124. 乔治•奥威尔（2011）. 一九八四 [M]. 董乐山译. 上海：上海译文出版社.

125. 乔治•奥威尔（2012）. 一九八四 [M]. 刘绍铭译. 北京：北京十月文艺出版社.

126. 屈承熹（1996）. 现代汉语中"句子"的定义及其地位 [J]. 世界汉语教学（4）：16—23.

127. 屈承熹（1998/2006）. 汉语篇章语法 [M]. 潘文国译. 北京：北京语言大学出版社.

128. 屈承熹（2018）. 汉语篇章句及其灵活性——从话题链说起 [J]. 当代修辞学（2）：1—22.

129. 萨克雷（2006）. 名利场 [M]. 彭长江译. 北京：中国书籍出版社.

130. 萨克雷（2013）. 名利场 [M]. 荣如德译. 上海：上海译文出版社.

131. 萨克雷（2015）. 名利场 [M]. 杨必译. 北京：人民文学出版社.

132. 萨克雷（2017）. 名利场 [M]. 贾文浩，贾文渊译. 北京：中国友谊出版公司.

133. 邵志洪（1996）. 英汉词汇语义容量比较 [J]. 外语与外语教学（2）：15—20.

134. 沈家煊（1995）. "有界"与"无界" [M]. 中国语文（5）：367—380.

135. 沈家煊（2006）. 关于词法类型和句法类型 [J]. 民族语文（6）：3—9.

136. 沈家煊（2012）. 怎样对比才有说服力——以英汉名动对比为例 [J]. 现代外语 35（01）：1—13.

137. 沈家煊、柯航（2014）. 汉语的节奏是松紧控制轻重 [J]. 语言学论丛（第五十辑）：47—72.

138. 石毓智（2000）．语法的认知语义基础［M］．南昌：江西教育出版社．

139. 石毓智（2006）．语法的概念基础［M］．上海：上海外语教育出版社．

140. 史蒂文森（2009）．化身博士（双语版）［M］．凡璇译．北京：中国城市出版社．

141. 谌容（1980）．人到中年［J］．收获（1）．

142. 斯陀夫人（1982）．汤姆大伯的小屋［M］．黄继忠译．上海：上海译文出版社．

143. 孙慧双（1999）．歌剧翻译与研究［M］．武汉：湖北教育出版社．

144. 孙坤（2013）．话题链在英汉篇章翻译中的应用策略与模式［J］．外语与外语教学（1）：70—74．

145. 孙隆基（2004）．中国文化的深层结构［M］．桂林：广西师范大学出版社．

146. 孙致礼（1984）．评《名利场》中译本的语言特色［J］．中国翻译（10）：37—41．

147. 孙致礼（1999）．文化与翻译［J］．外语与外语教学（11）：41—42+46．

148. 孙致礼（1999）．文化与翻译［J］．外语与外语教学（11）：41—46．

149. 孙致礼（2001）．翻译中的异化与归化［J］．山东外语教学（1）：32—35．

150. 孙致礼（2003）．再谈文学翻译的策略问题［J］．中国翻译（1）：50—53．

151. 托马斯·哈代（1984）．德伯家的苔丝［M］．张谷若译．北京：人民文学出版社．

152. 托马斯·哈代（1991）．德伯家的苔丝［M］．吴笛译．杭州：浙江文艺出版社．

153. 托马斯·哈代（1994）．德伯维尔家的苔丝［M］．孙法理译．南京：译林出版社．

154. 托马斯·哈代（1999）．德伯家的苔丝［M］．晓燕译．哈尔滨：哈尔滨出版社.

155. 托马斯·哈代（2000）. 德伯家的苔丝 [M]. 孙致礼, 唐慧心译. 北京：北京燕山出版社.

156. 托马斯·哈代（2015）. 德伯家的苔丝 [M]. 王忠祥, 聂珍钊译. 广州：花城出版社.

157. 王东风（2014）. 以逗代步找回丢失的节奏——从 The Isles of Greece 重译看英诗格律可译性理据 [J]. 外语教学与研究（6）：927—938.

158. 王东风（2019）. 以平仄代抑扬找回遗落的音美：英诗汉译声律对策研究 [J]. 外国语（1）：72—110.

159. 王洪君（2004）. 试论汉语的节奏类型——松紧型 [J]. 语言科学（3）：21—28.

160. 王建国（2002）. 翻译的推理空间等距原则与文化翻译 [J]. 山东师大外国语学院学报（3）：80—84+79.

161. 王建国（2006）. 戴着"紧箍咒"的翻译艺术——《歌曲翻译探索与实践》[J]. 外语研究（4）：78—79.

162. 王建国（2013）. 论话题的延续：基于话题链的汉英篇章研究 [M]. 上海：上海交通大学出版社.

163. 王建国（2019）. 汉英翻译学：基础理论与实践 [M]. 北京：中译出版社.

164. 王建国、何自然（2014）. 重过程, 还是重结果？——译者的母语对英译文本的影响 [J]. 上海翻译（2）：7—12.

165. 王建国、张虹（2016）. 论"通顺"为感官动词翻译的主导策略 [J]. 外文研究（3）：80—88.

166. 王力（1984）. 王力文集 [M]. 济南：山东教育出版社.

167. 王力（1985）. 中国现代语法 [M]. 北京：商务印书馆.

168. 王佐良（1997）. 王佐良文集 [M]. 北京：外语教学与研究出版社.

169. 威廉·福克纳（1980）. 献给艾米莉的玫瑰 [M]. 杨瑞, 何林译. 广州：花城出版社.

170. 威廉·福克纳（2015）. 献给爱米丽的一朵玫瑰花 [M]. 杨岂深等译. 南京：译林出版社.

171.威廉·毛姆（1994）．刀锋［M］．周煦良译．上海：上海译文出版社．

172.威廉·毛姆（2016）．人生的枷锁［M］．黄水乞译．北京：作家出版社．

173.威廉·毛姆（2016）．人生的枷锁［M］．张乐译．南昌：江西人民出版社．

174.威廉·萨克雷（2015）．名利场［M］．杨必译．北京：人民文学出版社．

175.伍绮诗（2015）．*Everything I Never Told You*［M］．孙璐译．南京：江苏凤凰文艺出版社．

176.夏洛蒂·勃朗特（1990）．简·爱［M］．李霁野译．西安：陕西人民出版社．

177.夏洛蒂·勃朗特（1995）．简·爱［M］．曾凡海，吴江皓译．北京：北京燕山出版社．

178.夏洛蒂·勃朗特（1995）．简·爱［M］．祝庆英译．上海：上海译文出版社．

179.夏洛蒂·勃朗特（1995）．简·爱［M］．萧泞译．吉林：长春出版社．

180.夏洛蒂·勃朗特（2003）．简·爱［M］．吴钧燮译．北京：人民文学出版社．

181.夏洛蒂·勃朗特（2003）．简·爱［M］．岳春芳译．北京：航空工业出版社．

182.夏洛蒂·勃朗特（2010）．简·爱［M］．黄源深译．南京：译林出版社．

183.现代汉语词典（汉英双解）［M］．北京：外语教学与研究出版社，2002.

184.徐莉娜（2009）．主题句和主谓句的比较与翻译［J］．外国语（5）：75—82.

185.徐莉娜（2010）．英译汉话题句取向翻译模式研究［J］．中国翻译（3）：63—69.

186.许余龙（1987）．语言类型区别与翻译［J］．外国语（3）：54—59.
187.薛范（2002）．歌曲翻译探索与实践［M］．武汉：湖北教育出版社．

188. 亚历山大·仲马（1978）．基督山伯爵[M]．蒋学模译．北京：人民文学出版社．

189. 严辰松（2004）．语义包容：英汉动词意义的比较[J]．外语与外语教学（12）：40—42．

190. 杨彬（2016）．"话题链"的重新定义[J]．当代修辞学（1）：72—78．

191. 余光中（2002）．余光中谈翻译[M]．北京：中国对外翻译出版公司．

192. 约翰·高尔斯华绥．白猿[M]．陈冠商译．长沙：湖南人民出版社，1985．

193. 约翰·高尔斯华绥．白猿[M]．汪倜然译．上海：上海译文出版社，1986．

194. 詹姆斯·J.凯尔帕特利克（2001）．春[A]．李运兴译．语篇翻译引论[M]．北京：中国对外翻译出版公司．

195. 詹姆斯·J.凯尔帕特利克（2010）．春[A]．宋德利译．英汉名篇名译[M]．江苏：译林出版社．

196. 詹姆斯·乔伊斯（1997）．尤利西斯[M]．金隄译．北京：人民文学出版社．

197. 詹姆斯·乔伊斯（2010）．尤利西斯[M]．萧乾，文洁若译．江苏：译林出版社．

198. 张经浩（1999）．重译《爱玛》有感[J]．中国翻译（3）：39—41．

199. 张经浩（2011）．从《白菜与皇帝》谈起[J]．中国翻译（5）：84—85．

200. 赵刚（2004）．汉语中的冗余信息及其翻译[J]．国外外语教学（4）：55—60．

201. 朱德熙（1982）．语法讲义[M]．北京：商务印书馆．

202. 朱自清（1948）．标准与尺度[M]．上海：文光书店．

203. 周仁华（2000）．挡不住的秋天[J]．中国翻译（1）：73—74．

后　记

　　与《汉英翻译学：基础理论与实践》一样，本书是一本教材，但也是一本专著。其有一条基本的主线：汉语界限意识强，英语界限意识弱。基于这条主线，本书根据英汉翻译实践的事实，从宏观和微观角度对英汉翻译实践一般需要经历的过程展开讨论，并简略讨论了译文欣赏的几个指标。

　　本书所讨论的文学作品主要限于英语小说，书中所归纳的也主要是英汉翻译的共性，并未详细讨论各种文学体裁的英汉翻译。

　　至于本书的命名，就像《汉英翻译学：基础理论与实践》一样，让我颇为踌躇。但是，想到我们志在探讨翻译类型学，汉英翻译和英汉翻译在宏观、中观和微观上又确实存在诸多差异，值得独立研究，汉英翻译和英汉翻译独立研究将为其他两种语言互译的研究带来诸多启示，因此，我还是决定把本书命名为《英汉翻译学：基础理论与实践》。尽管我们精力和能力有限，本书无法为一个"学"建立一个全面的框架，并深入探讨，但想到能给他人成就一个前进的阶梯，也很是欣慰。

　　最初，我们写作本书的愿望并不强烈，因为觉得英汉翻译的目的语是我们的母语汉语，优秀的译者凭着自己的语感就能做出很好的翻译。但由于我必须承担英语文学翻译的课程，以前又没有多少这方面的经验，又不愿买本教材照本宣科。当然，正如我"前言"所言，我们认为汉英翻译和英汉翻译的策略是互逆的，一般的教材还无法反映这种观点。我们在教学过程中，逐渐发现英汉翻译在我们的体系里，同样也非常有趣，同样有自身的特点。我们的研究不仅有助于学习英汉翻译的学生，同时也有助于稳定优秀译者的汉语母语语感。

当然，继续沿着《汉英翻译学：基础理论与实践》所反映的基本观点撰写本书，很重要的原因还是来自诸多专家学者的鼓励，有了他们的鼓励，我们才有这份自信前行。2018年拜访老师何自然教授时，他再次肯定了"语用上汉语重过程、英语重结果"这个发现；一向十分严谨的导师陈国华教授也鼓励继续研究。鲍川运教授 2019—2021 年先后在复旦大学、华东理工大学等多个高校或机构的讲座中用本书的相关观点解释了大量的翻译现象。同时，我们还得到了黄友义、孙艺风等教授的充分肯定。另外，刘全福、武光军、姚斌、王树槐、孙会军、李春长、赵刚、贺爱军、肖欢、陶友兰、许丹丹、潘莉、王炎强、李翔、谢世坚、管新潮、冯佳、王勇、韩戈玲、黄晓佳、张金生等诸多专家都给予了各种方式的支持。

这些专家的支持给了我们前进的动力。同时，一些高校的师生如本书附录中的姚安娜和王锦等同学已经开始使用我们的观点完成了学位论文或者发表了论文，他们的信任同样鼓励了我们。有了他们的支持，我们还将继续前行。

我们还要感谢华东理工大学 2018 级翻译硕士研究生班，大量的案例来自他们的工作，甚至有些分析也有他们的贡献。其中，叶伊婷、任文茂、邬俊波、李强等同学还直接参与了部分编辑工作。

最后，我还要感谢华东理工大学以及中译社的编辑老师胡晓凯、范祥镇和吴迪等。